一二年辰

谈资 主编

成都时代出版社
CHENGDU TIMES PRESS

序 PREFACE

谢谢你们年轻的眼睛和心

/ 潘媛

一个周末，我穿越不断发胖的城市，沿着天府大道往南，抵达湖边的 A4 美术馆，去听学者葛剑雄讲"移民与城市文化"。

葛老的理论一言以蔽之，人口是文化最活跃的载体。不断建造的楼宇，不断涌入的人口，在他看来，如今的成都已经面貌全新。"新成都不仅仅只有火锅、小吃、美女、休闲生活，还有拐着腔说自己是成都人的新成都人。"

在那次讲座上，我很自然地想到我们做过的一期选题——关于新成都人。推文的开头写道：你觉不觉得"我们"这两个字有点甜？"我们娃娃就是不爱吃菜叶子""我们珍珠今天又把家里沙发抠了两个洞洞"，一个东西前面加上"我们"，就有一种占有和归属感。

成都软绵又博大，是包容性和吸附性都很强的城市。在这儿待久了，不是成都土著也会脱口而出"我们成都……"。这些朋友，我们就称为"新成都人"。

在这篇推文下面，上百条留言讲述了自己来成都多久以后，在哪一个瞬间，嘴里的"你们成都"，自然而然地变成了"我们成都"。

老实说，这些故事，真的看得我们眼流花儿包起——"眼流花儿包起"，这个说法本身就很成都，一点柔软，半分调侃，把表露感情的事情说得举重若轻——因为我们自己大部分就是这样的"新成都人"。团队中更大比例的年轻人是来自成都以外的小孩。他们有的在成都读完大学，留了下来；有的因为路过成都喜欢成都，留了下来；有的因为恋爱，哪怕是后来分开，也留了下来。

所以，他们观察成都，用的是"新成都人"的眼睛。这是一种杂糅的感觉：比土著更好奇，比过客更持久；对旧的不准备排斥，对新的有认同感。

而我在观察他们。我得到的最重要的结论是：这或许是一个前所未有的壮阔时代，但每个人（个体）却变得更重要。

跟我一起工作的年轻人喜欢从更小的切口进入城市生活：比如成都人回答不起问题的时候一般都说啥子，为什么说每个小区门口都有碗全成都最好吃的素椒炸酱面……他们找火锅店的排号员和全兴队的守门大爷打听江湖故事。在菜市场他们发现，别人买菜就买菜，成都人还要顺带捏把花回家。同时，没有一个婆婆、爷爷的黄桷兰、鸡毛毽子、煮花生会滞销。

他们带着新的眼光去重新发现更为复杂的长顺街、致民路、华兴街。30 平方米、不当街，他们记录了很多这样小而美的店，也找到深藏在城市褶皱里的、卖了 28 年的盒饭和 33 年的拌菜。

这样的观察还具有持续性，比如有一天，他们找了两个街娃，把保利中心从一楼到二十一楼喝穿了，喝到无楼可攀为止。后来酒吧从魔方大厦里撤退了，他们又做了一期《保利，散场》。

有时候这些观察会被物化、存留，反向成为城市的一景、被观察的对象。年轻人发现，当代都市里，集体微醺成了一种表达亲热、寻找同类的方式，于是诞生了《我，一个沉迷于微醺的成都人》《夏天常常喝断片，忧愁都消化在尿里了》。还有，在每一个流连过的酒吧厕所里自拍，竟然也成为一期大受欢迎的选题。他们乘兴做了一张酒吧地图，把成都几百家 Club、Pub、Bar、精酿馆分类整理集册，叫作《断片指南》。

紧接着，在著名的玉林西路，我的年轻的同事们操办了一个快闪展。两间十几平方米的小铺面，一间装酒后故事，一间卖酒。

谢谢玉林西路的街沿那么阔，那夜的风那么凉。前前后后一两百号人，大家都站在人行道上说话喝酒，摇着"喝酒去"的扇子，穿着"成都市内没醉过"的T恤，举着一次性塑料酒杯，聊天聊到断片，喝酒喝到眉来眼去。我们把捡来的一张按摩床放在路边，谁累了，谁就过去靠一会儿。

今年，这个动作被持续下去，新一场断片展被搬到了长顺街附近的一个老街区里。

从玉林西路到长顺街，这样的选择有点出人意料。关于这座城市古旧的肌理，年轻人似乎有一种特别的兴致。每周，1994年出生的彭何，会去城市里某个被人忽略或者遗忘的角落，走走停停，观察人，发现故事。他的行走催生了专栏"乱逛"。"逛"这个动词本身，有一种晃晃悠悠的旧日气息。时光急，但彭何不急。

同时，他们乐于寻找这个城市里崭新的基因。在接触过好几个年轻团队之后，诞生了一个新的系列报道，叫作"了不起的_____"

这些了不起的年轻人，在成都设计出了漂亮的空间，拍出了漂亮的照片，画出了漂亮的插画，让这座城市有了惊喜，变得好看。最了不起的是他们都是1990年到1995年生人，领头的几乎都不足28岁。28岁，已经三头六臂，独当一面。而我们这个编辑团队，平均年龄也差不多是28岁。

在三年的时间里，年轻人就这样兴致盎然地寻找了上千个故事、话题、人。

三年后，一种新的野心被偶然催生。

熟悉微信生态和阅读习惯的人都知道，一篇公众号推文，最强的生命力在24小时之内，普通的传播周期是三天，在公司内部，考核一篇稿件的传播数据，7天截止。

然而，一篇《豌豆尖统治四川的盛世又到了》，在距离第一次传播差不多一年以后，仍然有人在后台留言——来自海外。为什么不把它留存下来？既然有这样的生命力在。

值得印刷，值得售卖，值得被油墨留存，值得被指尖摩挲。

关于成都，已经有了很多书，却难见一本可以做到：属性年轻，目光新鲜，立足当下，切口入微，维度丰富。

我们希望"@成都"能够做到。一个系列，五本书，从街区、人、城市性格、城市记忆等维度，整理集纳了谈资旗下公众号"成都Big榜"三年多以来创作的超过100篇、总计30万字的原创推文。@，表示基于互联网社交创作和传播的城市观察。同时，@也是at，在某处，表示这样的观察位于成都。

@成都的观察还在继续。

新来的小孩丁赫，凌晨五点扛着四个从宜家买来的垃圾桶，去人来人往的春熙路收垃圾。几个小时里，他完成了一场以垃圾分类而起意的社会观察。

彭何仍然在走。他从社科院的大门出发，沿着一环路向右，沿着锦江河道再到武侯祠大街，经过耍都、锦里、体院，在成都的电子地图上走出了一颗心。

吴逸韵去医学美容医院的大厅坐了一下午；丁赫发现从天府广场地铁站到地面，有至少56种方法；贾茹在毕业季收集了40年里65张成都人的毕业照；李佳蓓执行完"早餐四川"，正在策划基于公交、茶馆、美甲店的"窃听城市"行动。

三年再三年。城市生长，他们也在生长。

谢谢李佳蓓、康筱韵、彭何、胡琴、贾茹、吕美真、陈修易、蒋佳芯、雷曜维、吴逸韵、丁赫、陈梦奇。每一个在成都Big榜的后台驻留过的人，或短或长。谢谢你们年轻的名字，谢谢你们年轻的眼睛和心。

2019年7月于成都书院西街

● 《横看竖看》

● 《脾气》

● 《小隐于市》

● 《乱逛》

● 《那二年辰》

《那二年辰》

这个词是成都人回忆起过去时的首选，带点炫耀，有点提劲。辰，四川话念 shen，一声，"年"字的尾音拖得很长。

那二年辰里，有曾红极一时的成都人和事，它们曾聚在这个城市的某一个坐标。这些坐标包括：四川省运动技术学院、川港影楼、热盆景火锅、新大陆旱冰场、科甲巷和草市街、蜀都大厦"六本木"、世界乐园、泰华、新中兴、锦城艺术宫、小酒馆……

而坐标对应的是一代成都人的记忆：关于全兴和一座城的情绪起伏，关于成家的仪式感，关于最早的火锅消费，关于一代年轻人的精神乐园和人生际遇，关于时髦，关于童年期盼，关于这座城市与戏剧最亲密直接的接触，关于音乐和诗酒。

关于老成都的记忆很多，而我们选取的这些，都是当年城市生活的各个领域中最时髦的，没有之一。由此，它折射着时代。

目

录

CONTENTS

目

CONTENTS
录

● 有一个地方埋葬着成都"70后"的秘密和嚣张

YOUYIGE DIFANG MAIZANGZHE CHENGDU 70 HOU DE
MIMI HE XIAOZHANG

/ 李佳蓓

不管是"70后"还是"80后",没在旱冰场混过的青春就不叫青春,在旱冰场打过架、撩过妹儿的青春才叫轰轰烈烈!

"没在新大陆操过?你操'锤子'哦……"这是一个40岁成都"老炮儿"的感言。

新大陆,锦江宾馆附近某地下旱冰场(原滨江路),当年一帮子成都的操哥在这里打架、角逐,刮钱、撩妹儿,这里除了有汗味、脚味儿,还有谭咏麟的歌、洋盘的香水味儿和一堆"70后"澎湃的荷尔蒙。

进新大陆要下个楼梯,下去之后左边是拿滑冰鞋的地方,右边是一排卡座,前脚人家刚刚脱下来还"热火"的滑冰鞋赶紧拿到手就要穿上冲上场,生怕耽误一分钟。跟着"No no, no no no no, no no no no... Let me hear you say Yeah!"节奏感极强迪斯科音乐,5元钱就可以滑2个小时,那时全城的操哥"东罗马,西小玉,北二龙,南马刀"都在这儿放浪青春热血。

但新大陆最"行势"的还是四中、老南门、九眼桥这些南门片区的"土著",小色、大洋洋、tiger这些名字在当时一说出来还很港的,除了操哥还有港火的大姐大——杨燕,传说是当年南门某片区派出所所长的女儿,所以没人敢动她。

年轻人的复古派对还原旧时光 摄影／西兰花大人

滑冰场除了来混的操哥，苦练技术耍帅的也是不少，现在已经 40 多岁的兵娃儿、李忠义不知道已经散落何处，但是当年他们一出场都会引发小高潮。新大陆的场地是拼木的，不是很"光生"，毫不影响泼人打浪、飞燕、落雁、倒滑。

兵娃儿一出场每次都是踮起脚用前轮划出 S 形出场，还有钢管五厂卖卤肉的李忠义经常穿起一身运动服出来滑，还有个戴棒球帽娃儿的转圈圈很是厉害。

虽说那个年代还不算很开放，但是只要脸皮厚，要撩妹儿好容易。"妹妹，滑不来哇？来，哥哥教你！"装下好人，就把手牵起了！看到乖的妹妹，要不就上去撞一下，要不就是挽到别人滑。长得不够乖的，就把别人带到场子中间然后转身就跑，胆大的妹儿就要开"诀"（四川话，骂）！

那个时候不管你认不认识，滑得好不好，"开火车"跟到闹是必须的，真正的嗨翻全场。

滑得好的都在前面四个人之内，他们带头，后面的人一个拉一个，起码拖六七个人，开火车"憋憋"要甩尾巴儿，一般会有一个人使劲推"火车"尾巴，在即将甩尾的弯道猛推一下，"噼里啪啦"人撞栏杆，摔倒成一堆，这个时候很多人就趁机拉拉小手，让彼此都小鹿乱撞一番。

操哥些多了，荷尔蒙旺盛了，只能靠"甩点"来释放，这个词是那个时代的流行语。"甩点"就是两个人产生矛盾了约个地方按时去打一架——对，就是《老炮儿》里的"茬架"，成都人叫"甩点"，"甩点"里面还有个关键人物叫"点火的"。

比如A："华西荷花池边上等到。下午三点，老子在那儿等你！"B："随便你，三点嘛，随便你咋子，你给老子等到。"然而新大陆旁边"甩点"基本上每个星期都有。1993年有一场群架很轰动，附近学校的基本无人不知，涉及当时成都一家媒体前老总的儿子。

那天下着小雨，很大一群人，把学校门口的路都拦断了，全校学生中午饿着肚子等了接近一个小时才出校门。那天，雨中很多操哥在冲在跑，那架势就是古惑仔呀！打到最后还见了血，闹得太凶，警察都来了。有人回忆，从那件事后，那家中学的后门再也没开过。

那时在十几岁的人眼里，兄弟情义比天大。兄弟离家出走，天天在滑冰场混，就像住在里面一样，兄弟伙就去送衣服送吃的，家长老师不让去，更要偷着去。

老式溜冰鞋　摄影／西兰花大人

当时作为操哥，哪个没得几身伸抖的行头？头发必须是跟郭富城一样的中分，黄毛是标志性的，而且必须是染得焦黄的。

胶鞋必须是"D胶"（迪亚多纳，Diadora），皮鞋要穿ESKO、3A或者"老人头"的。"D胶"还必须要黄，还分老版、新版，越黄的证明操哥越牛，买的时间越长。新版买来边上是白色的，要想办法弄成黄色的，有的拿碘酒上色，还有更绝的拿一分钱的纸币去擦成黄色，反正弄黄才是最洋气的！

ESKO 的皮鞋必须要反光的，要买类似现在的水洗皮的，拿水擦一下就很亮，当时 220 元一双的 ESKO 皮鞋堪比现在的各种奢侈大牌。

夏天衣服就穿白衬衣，衬衣口袋里头装包"软塔"（软壳红塔山香烟）。冷了就穿"三悬儿"毛衣，还要大红 V 领的，最好是层层叠加地穿。冬天肯定要穿草市街的皮衣，而且一定要有毛领，否则不好意思穿出来。

外套要穿宾奴（最早的班尼路），周润发打的广告，绿色的夹克穿起很洋气。

除了衣服裤子，最重要的一个装备就是 BB 机了，斜口的摩托罗拉，平口的松下，1400 元左右一台的 BB 机有各种花式别法，用皮带别的就是前后左右都要别几天，反别到皮带里面开振动最提劲，还有用链子吊起的，链子金的银的粗的细的各种换起吊，操姐别 BB 机都很有技巧，夏天穿吊带裙就"掐"（成都话，通"卡"）到胳肢窝下面。

最扯把子的是，十几个人围起吹壳子，BB 机一响全部人都在摸。去公用电话亭回电话，电话响了周围万多个人都在接："哪个给我打传呼？"当时康乐门口有部公用电话，一到晚上十点都是排队打电话给屋头说："晚点回来。"

当时新大陆楼上还有台球室和挖耳朵的，滑冰滑够了就去楼上点杯茶二两面，做个按摩再下去耍。后来这些人又全部转战到了运动技术学院里的康乐。

除了新大陆，凯歌、南虹，财大边上的"新西南"、城北冻库的刀冰场也是操哥操姐些经常去的。

游乐园门口右手边二楼的凯歌滑冰场去的人不少，预制板的地面，比较滑。柱子很多，经常有人滑绊倒。锦江宾馆附近的南虹游泳池（现南虹小区，华西附二院街对面）冬夏两用，也是便宜深得人心，冬天滑冰，夏天游泳，一年四季都可以看妹子。

随着岁月的更迭，1996 年左右，新大陆、凯歌、康乐、南虹慢慢退出了历史舞台，操哥操姐们最港火的青春永远留在了中年人聚会的悬龙门阵中。

● 20 世纪 90 年代结婚的人，
梦想就是去川港影楼拍套婚纱照

20SHIJI 90NIANDAI JIEHUN DE REN, MENGXIANG
JIUSHI QU CHUANGANG YINGLOU PAITAO HUNSHAZHAO

/ 李佳蓓

过年过节，有亲戚朋友到老李家里来做客，在客厅一坐下常常都会问挂在沙发上的照片："嗬哟，这个婚纱照巴适哦，有点年辰了哦？"

老李就会傲娇地说："开玩笑，二十多年了，在川港影楼拍的。"旁边的亲友们就会盯着照片"啧啧啧"一番。

三十多年前，连北京、上海、广州等大城市都还没有像样的婚纱影楼出现，香港人吕洪顺的香港文苑公司与四川省摄影公司就在 1988 年合资成立了西南地区第一家专业的婚纱摄影——川港影楼。

它不像现在的婚纱影楼那样华丽炫目，而是在草市街附近一个背街的巷子里开了起来。

很多年后，它成了 1990 年代结婚的那代人最闪亮的记忆。

得到川港影楼开业的消息时，一对即将结婚的眉山小夫妻非常激动。老李当时还是小李，他说：当时的人很单纯，不像现在的人要金银首饰几件套，送她戒指项链手表都不要，只收了一对小小的耳钉。

1996 年川港影楼的广告牌　摄影／刘陈平

知道她很喜欢拍照，想的结婚一辈子就只有一次，老李干脆就带她上成都，拍婚纱照！

当时虽然并不知道婚纱照要多少钱，但是知道起码要上干。

两人在兴奋的盘算了几天之后，就揣上了"巨款"，找了一个周末，一大早5点过天还没亮就起床，去赶最早一班6点左右从眉山到成都的大巴。当时眉山到成都要走新津的老路，颠簸了3个多小时才到成都。

下了车后两人就往草市街走，找到了这个当时还是瓦房的川港影楼。

两个人价格都没问就开始分头化妆换衣服，那是老李的爱人君君第一次化那么浓艳的妆。老李说："当时化的是蓝色眼影，她都不好意思。"

君君化妆的时候，老李就去隔壁理发店吹头发，当时影楼还不提供男士造型，老李在隔壁吹了一个很蓬松的"猫王"发型。

两人都做完造型就开始换衣服，当时并不像现在的婚纱有很多选择，就一套，也没有道具，只有几张背景布：埃菲尔铁塔、樱花树下、欧洲风情的花园……拍完场景照再分别拍单人照，拍了几乎一天。

拍完后交了几百块的押金，老板说，一周之后再来选片，根据你选择照片的尺寸再付全款。

当时的人均工资大概就是七八十元一个月，一桌婚礼的酒席也就100元左右，大家赶礼的份子钱一般就是5元10元，感情好的赶三四十元。老李在眉山宾馆办一场婚礼请了12桌花了1000多元，但当时的这套婚纱照就花了1000多元。

经历了选片、取片，两人在成都又来回奔波了几次后终于拿到了自己的婚纱照。老李激动得回眉山就找做画框的师傅裱起。

没想到婚纱照搬回家，整栋楼的邻居都跑来围观，同事朋友们无不羡慕，还有人指着老李感叹"看，好像香港明星"，着实让老李在众人面前洋盘了一番。

在这之前，所谓的结婚照，一般就是两个新人拍个 2 寸黑白照，丈夫穿个一板一眼的蓝布工作服，妻子穿个白衬衣；稍微好一点的就是拍个黑白照，再后期加工，用水彩颜料或者油画颜料对照片进行着色，相当于化个腮红和口红。

第一次县份上的人去省城穿婚纱，拍了欧洲背景的华丽婚纱照，简直就是引领了小城的潮流。

后来越来越多的人知道了川港影楼，渐渐地有了 10 余家加盟店，以致后来在成都兴起的各家婚纱摄影机构都有原来曾经在川港影楼工作过的人员。

在职业足球还很火爆的 2002 年，中国国家足球队前队长马明宇加盟川港集团，川港影楼在春熙路上的新店开张，剪彩仪式在中山广场举行。马明宇把中国足球当时最帅最红的几张脸都搬来了：肇俊哲、李铁、郝海东、李玮峰、张玉宁。春熙路当时被围得水泄不通，很多球迷都搬来板凳，站上去围观。这次活动让川港影楼名声大噪。

那个时候川港影楼在成都的生意算是相当好的，黄金周每天接待的客人都在百余人左右，在省内的分店达到了二十多家。2003 年，川港影楼和同时期的另一霸主金夫人影楼合并，但有更多和川港影楼同类的大型影楼遍地开花占领市场，川港影楼不再一枝独秀。

后来随着人们的审美和观念的变化，越来越多有个性的、针对年轻人定制的摄影工作室兴起，川港影楼也早已被岁月的洪流吹到了区县和二级城市。

现在婚纱摄影的潮流不再是老李当年的棚拍，而是旅拍。你不用去邻居家观摩艳羡别人的婚纱照，而在朋友圈就能看到他们赤裸裸的炫耀。 🅣

老李及其妻子在川港影楼拍摄的婚纱照　供图／李佳蓓

● 全兴，曾是成都人心中最大的明星

/ 彭何

2016 年的初春，四川金强队首次进 CBA 总决赛的消息刷爆了朋友圈。为了抢到一张主场的门票，成都球迷晚上八点不到就到省体育馆的售票窗口外排起队。扑克带上，为熬通宵抢票做准备。第二天排队购票的人更多，从省体育馆门口排到了省游泳馆的门口！长长的队伍把"技院"的足球场包围了大半圈。

上一次成都球迷排队排成这样还是二十年前。在 20 世纪 90 年代，球迷们把紧邻玉林和省体育馆的省运动技术学院称为"技院"。这个地方热闹得很，来看全兴足球队训练的年轻人经常把场子周围围得满满当当。

魏群、马明宇、姚夏、余东风、"黄色旋风""成都保卫战"，每一个名词说起来都是一段传奇。球员和全兴一度是成都人乃至四川人心目中最大的明星。

"嫁人要嫁魏大侠，生儿要生小姚夏"，那二年辰这个说法在少女中非常流行，这种感觉和现在一个少女跟别人说某某明星是自己老公差不多。那时球迷根本不得喊球员大名，都是很亲热地喊绰号，什么"山哥""马儿""闷墩儿"。

最出名的当属魏群和马明宇。1998、1999 年，魏群开个宝马，洋盘惨了，一双"人"字拖，车停到技院门口就有人喊："老魏，来烫两串！"那个时候，技院门口有几家串串香，没事球员就喜欢在那吃。魏大侠以前还在玉林出过一件轰动全城的大事——屁股挨了一刀，一时，全城东西南北的人都在茶余饭后传着事情的不同版本。

全兴和全兴时代的黄色狂飙，一度是成都人民心目中最大的明星。"黄色狂飙"在当时是一个特定名词，专门指代全兴。后来虽球队易主更名，但黄色印记依然被保留了下来。　摄影／熊宇其中一个版本是这样的。1993 年 5 月的一天，二队小队员因唱歌得罪了一群人，他们向魏群求助。魏群是大哥，遇到事儿了大哥肯定要代小队员受过。这群混混把魏群逼到一堵墙前，各种长刀短刀比在魏群身上，魏群屁股被刀子划得血流不止，据说被划成了 4 块！

赶紧送到华西就医，在不打麻药的情况下被缝了 200 多针，大夫都惊呆了。

这个传奇被写成一篇文章——《江湖中最后一个大佬》，现在的年轻人可以去百度一下，光看文章都会热血沸腾。文章的作者是当时著名的足球评论员李承鹏老师。李承鹏后来和足球关系不大了，可是当时李承鹏就等于足球。

李承鹏只是众多跟随全兴、甲 A 一起火热起来的各路记者、球评人和解说员中的一员，当时稍微知名点的足球记者和解说员都会被球迷追随。那二年辰，不光全兴火，和全兴沾边的都很火热。

当时报纸的足球板块和电视台的足球节目非常受欢迎，完全不愁收视率。成都电视台当时有一个栏目叫《运动时空》，苏斌主持的，每家吃晚饭的时候最喜欢看这个节目。苏斌的脸很长，声音雄浑，每次广告插播完就要说"雷迪波尔提醒您收看：运！动！时！空！"

令人唏嘘的是 2015 年 6 月份，苏斌因患肝癌去世，当时成都好多媒体都报道了这个事，不管是球员还是球迷都很感慨。

四川电视台当时的足球解说员叫李博，当年"输一个是输，输两个也是输……"的解说堪比央视前解说员刘建宏的那句"留给中国队的时间不多了……"，后面李博在出了车祸后就淡出了人们的视线，还是很可惜。

再说回技院。在当时的年轻人中，去技院看训练一度是非常时髦的事情。只要一听说全兴队有训练，球迷们就扎堆跑到四川省运动技术学院的足球场上看训练。球迷得到全兴队训练消息的时间往往比守门大爷还快。

球员的训练一般是在下午两点开始，而一点过，吃过午饭的球迷们就早早赶来围观，往往来得比球员还早。女娃娃们也跟着同学一路，骑上自行车就去技院看球，自行车就停放在足球场边上省球迷协会的小巷子里，密密麻麻地停一长串。

"成都保卫战"时，体育场内人山人海　来源／成都商报资料图

女娃娃们说是看球，其实更多是看帅哥。那时，各个中学大学的足球体育特长生特别受欢迎。当然，也有些是陪男朋友来看的。有个朋友讲当时自己没法去技院看全兴训练，但有个比他低两个年级的女生暗恋他，就专门跑去看训练，还拍照片洗出来送给他，搞得他当时很感动。

看完训练找球员们要签名，再拿到班上给同学炫耀一番，就会引发一片尖叫，各种羡慕嫉妒在教室里回荡。看护球场的黄大爷，他儿子也是个球迷，从中江来成都耍，喊父亲去要了所有全兴球员的签名，带回中江老家后在同学间引发了不小的骚动。

有的女生没有要到签名还会大哭起来，守门的黄大爷就会安慰她们"明天又来就是了嘛"。

当时只要有训练，随时都可以去技院看，随时都可以要签名。就算是刚刚成为全兴队的粉丝，人都辨不清的情况下也要挤去要签名。听说全兴队在春熙路保龄球馆里面，路过的人晓得了，也马上按进去，本来是要找孙博伟要签名，结果签完名才晓得逮住的是陶伟。不过也无妨，随便哪个全兴队球员签一个名都足够让人兴奋好一阵了。

那个时候，队员们和球迷们真的是打成一片，好多年轻人也乐意追随他们。

一个典型就是有个叫虎娃儿的球迷，当时虎娃儿十多岁，不念书，每天就喜欢跑去技院给球员们搞后勤。只要有训练，他很早就从新南门赶到技院帮忙把球拿出来，训练完了虎娃还帮到捡球，提醒球员他们落下的物品，久而久之就和球员些"搞到一堆了"。

现在，已经成年的虎娃还在从事和足球有关的工作。在技院追随全兴的日子，改变了他的一生。

那个年代，全成都因全兴队战绩的好坏而情绪起伏，这成为成都市民主要的集体精神生活。全兴队成了成都的一张名片，一个集体符号，一种城市凝聚力。

1995年"成都保卫战"的时候，体育场里面此起彼伏，人山人海，场外也站满了人，大家就站在外面听，里面吼外面也跟到吼。那两场球，经中国足协特别批准，"成都保卫战"全川实况电视转播，好多人围到电视看。

1995年重庆还没和四川分家，当天有比赛时重庆都有800个球迷乘坐20辆大巴专门赶到赛场来呐喊助威。至于后面分家，成都球迷开车去重庆看全兴队的比赛，时不时汽车被砸那又是后话了。

球迷们敲锣打鼓把球员们送去赛场，比赛完回来也是敲锣打鼓，浩浩荡荡的队伍，晚上10点过在锦江大桥附近都还能听到声音。把球员们送回了技院，球迷们都要围到技院足球场走一圈才散去，完成最后的庆祝。

据说当时某位领导夫人在主席台上看球，突然晕倒了，送医院睁眼后第一句话就问："赢了吗？"更为隆重的是那时候踢甲A联赛，"四川省的'两会'都停了，下午两个小时，观摩全兴队的比赛，学习全兴队的比赛精神"，魏群现在都还记得。

2001年12月，四川全兴俱乐部宣布转让股权。从1993年11月挂牌，到最后转让，"四川全兴"四个字，坚持了八年。

两个月后，接手球队的大连实德买下了球队，同时买下了四川蒲江基地。技院门口再也看不到痴心的全兴球迷了。

● 二十多年过去了，
世界乐园仍然是青年们的恋爱圣地

ERSHI DUONIAN GUOQU LE,SHIJIE LEYUAN
RENRAN SHI QINGNIANMEN DE LIANAI SHENGDI

/ 彭何

现在全国关注度最高的游乐园是上海迪士尼，但在二十多年前，四川人、成都人眼里只有世界乐园，那才是属于我们自己的乐园。

"好好考，考好了就带你去成都世界乐园耍！"20 世纪 90 年代初期，很多成都乃至四川的家长把这作为激励孩子的一个法宝。

世界乐园里的自由女神　供图／郭一斐　郭一兰

康康现在都还记得到在她初中会考的时候，刚要进考场，老师跑来转告哥哥给她说的话——考得好就带她去成都的世界乐园耍。那时康康还在绵阳的农村生活，周围同学听见了，全都发出了一片"啊"的惊呼声。在她们的认知中，那是城里小孩才能去的地方。

1994 年 8 月，占地 700 亩，投资高达 4.38 亿元的成都世界乐园正式对外开放，世界乐园曾经是成都最早，也是规模最大的人文景观游乐园。

宣传做得火热，吸引了大批省内游客，很多组团去耍的。住在世界乐园附近的人家来了亲戚，带去世界乐园耍也是非常风光、体面的事情。世界乐园的修建，让当时很多领导干部都很开眼界。

最开始门票要卖 80 块钱，就算后来降到 40 多块钱，在当时看来也不是一笔小钱。不过那是新鲜玩意儿啊，价格昂贵也挡不住络绎不绝的人群。

热闹持续了三四年的时间，后来经营惨淡，门票降得很低，周围所有的中小学校都组织学生前往春游。男生穿着蓝白色的校服，女生穿着红白色的校服，带上几包干脆面就欢天喜地跑去。

世界乐园周围有个泰山新城，和世界乐园同出一家，5 平方公里的范围，七八条车道上，周末全被堵得满满当当，很多中巴车搭载着重庆、绵阳的游客前来游玩。游人络绎不绝，完全超过了乐园最初的承载量，到了中午，餐馆容不下太多的游客，很多小贩就在街上做生意，摊摊上的馒头就算卖 5 块钱一个也有大把大把的人来买。

乐园里面到处都是世界各地民族风情的景点建筑。在世界乐园工作了差不多 10 年的郭万仕还记得当时的情况：

那阵出国也没有现在方便，到别的景区去，无非也就是看看自然景观以及各种寺庙，世界乐园里面全是世界五大洲的景点，每个景点都有各种民族风俗的表演，所有人都很新奇，感觉是在世界上转了一圈。

游乐园大门口有很多租相机的，每遇到一堆游客，小商小贩就匆匆围上前去问租相机不，当时最流行的都还是柯达的胶卷、富士的相机，胸前挂个傻瓜相机去逛世界乐园是最时髦的装扮。

所有小孩都要买一个纸做的皇冠戴上，同那些世界各地的建筑合影，然后回去骗朋友、同学说是去哪个哪个国家照的，说出来特别提劲。

就算被揭穿是在世界乐园拍的，所有人依然还是羡慕、嫉妒的表情，回家后也吵闹着要去玩一次。

去世界乐园耍，最先肯定是在广场上喂鸽子，每次去必喂！在当年，那感觉应该是比得上梁朝伟打飞的去欧洲喂鸽子。有些小学生还在广场上表演节目，我记得有个节目好像是《小螺号》，一个男孩独唱，额头上画个五梅花儿，脸涂得跟猴屁股似的。

世界乐园到处都有表演，先后有上百个团来演出，每天接近 100 场演出。俄罗斯美女在大剧院里跳舞，西班牙帅哥在斗牛场斗牛，只是看老外都很稀奇，有些胆子大的还要和老外互动，据说是因为当时苏联解体，很多人来中国表演谋生，所以就有很多乌克兰、俄罗斯的表演团。

六一儿童节的时候，俄罗斯美女还给小朋友发糖，接糖的时候整个人简直都酥掉了。

和大多乐园一样，世界乐园也有耍蛇的。有一男一女两个白人在世界乐园里面耍蛇，两人皮肤特白，浅黄的发色，十分养眼。女演员在脖子上挂着蛇，经常拿着蛇头伸向观众席，吓得前排胆小的观众直往后躲。

有胆子大的人被叫上台体验把蛇挂脖子上的感觉，结果上去就遭"吓腾咯"，挂几秒就赶紧还给演员，逗得观众笑不停。

据说那对白人夫妇有个儿子，非常可爱，当时只有几岁。当然小男孩不是耍蛇的，他没有什么节目，感觉就是在那儿卖萌的，小男孩慢慢走到舞台边缘，下面的围观群众都疯了一样想要和他合影。

参观车塞满了街道　供图／郭一斐　郭一兰

后来蟒蛇表演发展到把人关在玻璃房子里面，展示人和蟒蛇一起生活的状态，也是稀奇。

经常给成龙大哥电影当武术指导的何均早期也曾在世界乐园里面表演过功夫特技，功夫了得。不过，像世界乐园里的西部牛仔表演，各种杂技、特效，在当时看起来很酷炫稀奇，现在也就是"五毛"特效的水平。

世界乐园里各种热闹的表演从早上一直持续到深夜。大人小孩不停走不停看，每个都觉得稀奇，买个面塑或者糖画也是超级开心。

晚上民族风情大游行，所有人都参与到狂欢中。尤其是在圣诞节或者跨年的时候，上万名青年在乐园中庆祝。在焰火晚会过后，众人往往在一曲雅尼的《Acroyali》中静静散去。

不想走的可以再住一夜，普通游客在"乌拉圭阳台"住宿，有钱人就住在"白宫"里面，里面装修豪华，一晚上 200 元左右，相当于当时五星级酒店的水平！

那二年辰的年轻人比我想象中会耍，租一顶情侣帐篷，10 块钱一晚上，很多情侣就跑到"地中海"边上住起。清早起来，整个世界乐园都弥漫着荷尔蒙的味道。

荷尔蒙泛滥的远远不止大学生，一些十几岁的少年经常翻进去，趁着人少，放心大胆地在羽蛇神庙附近的草坪上做隐秘的事。草坪上据说种的是大象草，1 米多高，隐蔽了一切。

"翻围墙、钻狗洞、爬梯子，就只是为了逃票去成都世界乐园里玩，经常放学就钻进去了。"这是20 世纪 90 年代生活在世界乐园周边少年的集体记忆。虽然郭万仕在世界乐园上班，他的儿子也还是喜欢和同学一起翻进去。

世界乐园里的热气球　供图／郭一斐　郭一兰

他们不分性别，女的也丝毫不示弱，大的拉小的，大的自愿当作人肉梯子，一群人就翻过去欢欢喜喜地逛起来，天天去都不嫌腻。

聪明一点的会在围墙下打个隐蔽的洞，只有少数人晓得，被说钻狗洞也无所谓。周围的住家户也机灵地靠出租梯子挣着小钱，遇到舍不得买票的人就会嘀咕一句，"你们是去世界乐园耍哇，娃娃，来这边，只要1块钱一个人"。买卖达成后，那些大人就会跑到屋里扛出梯子把你送进世界乐园。

运气差被逮住的小孩会被扭送到学校接受批评，后来乐园又把翻进来的小孩弄来打扫金字塔附近骆驼的粪便，又臭又大堆的骆驼粪总是扫不完。

那些偷跑进去的荷尔蒙爆棚的少年们喜欢在建筑上悄悄刻上"×××，我喜欢你"之类的话，或者跑上假山的高处对着下面的女友大声喊"×××，我喜欢你！"女生没有不感动的。中学生一直都喜欢干这种事情。

进入千禧年之后，世界乐园终究是没有躲过全国主题乐园的倒闭潮，在2003年正式关门，后来卖给了"纺专"，拆除了些景点改成了校园。在纺专上学的朋友说，她小时候大概四年级时候，第一次跟妈妈去世界乐园，回家跟小伙伴一讨论才发现好多地方没有去，无比遗憾。结果十几年后她成为入读纺专的学生："当时条件那个差啊，宿舍是二层小楼改造的，洗澡堂开水房是现搭的，食堂是日本民居改造的。"

不过，世界乐园仍然是青年们的恋爱圣地，无关景致，而是隐蔽、人少。时常也有新人跑去那里拍婚纱照。

据一个朋友说，现在经常有外面的人跑进纺专里面勾搭小妹妹，那些人开着小轿车，穿件花衬衣，脖子上一根老粗的金项链，眼睛随时放着光。这光，早已不是从前逛世界乐园的那种好奇、美好的目光。

● 科甲巷，成都最早的高档时装自由市场

/ 胡琴

成都人对科甲巷有两个印象：一是成都最早的高档时装自由市场，要买最漂亮最时髦的服装，就要去科甲巷。二是后来科甲巷开了成都最早的大型国外公司经营的商场——伊藤洋华堂。

20 世纪 90 年代，成都人不管是在哪里买的衣服，都要说自己是在科甲巷买的，这样才显得自己有品位。很多四十好几的人回忆起他们以前逛的科甲巷的时候，提到最多的两个词语就是"时髦"和"贵"。

皮衣，开衫，外套，皮套欧版长裤、牛仔裤……这些时装你在一般市面上根本买不到。

科甲巷的每个老板都声称自己的货是刚从广东进回来的，当季最热最流行，像是在贩卖刚出锅的麻辣烫。有些老板也确实是亲自赶起飞机坐起火车去广州进货。那个时候人们没有什么适合还是不适合自己的概念，穿着打扮就是跟着明星学，哪个明星穿得好看就跟着买同款。

卖衣服的女老板们精明得很，她们发现女人在买衣服这方面很是舍得花钱，不管再贵，只要看起了，花一个月的工资都要买，用今天的话来说，那是要吃一个月的"土"啊！

科甲巷卖的衣服就没有几十元这种水平的，在那个时候，一个大学本科毕业生的月工资也就 200 元左右，科甲巷随便一双鞋就要戳脱两个月的工资。

年轻女娃娃经受不住漂亮衣服的诱惑，但是包包头又确实没得几个钱，于是她们就到店里面尽情试穿各种时尚服饰，过把瘾后便一走了之，让猛献殷勤的老板空欢喜一场！

据说到后来，科甲巷不少服装店铺都纷纷挂出告示："高档服装，不买者恕不试穿。"

大科甲巷，以前还有家卖运动休闲服饰的，把很多没有鞋盒子的缺码运动鞋摆在花车上卖。那些鞋现在看来也很潮，鬼虎家、老三叶草、阿甘……都是永远不过时的。

去科甲巷买了衣服的人一定是要回去洋盘的。一个同学说在科甲巷买一条裤子几千块钱，贵得有道理，裤子在洗衣机里洗好，晾干，抖一抖，就能立在地上。

立！在！地！上！是说买这个裤子裤型挺拔，裤管笔直，抖一抖，能自己站在地上。现在知道那应该是吹出来的，但当年可唬人了，大家都觉得 2000 元的裤子果然非凡，只能深深地羡慕嫉妒。

虽然被称为"西部第一女人街"，但其实科甲巷也是要卖男装的。

最最最港的要算金利来的西装，但是一整套金利来的西装算下来要 5000 元左右，这在当时几乎就只能想一想了。

买不起西装，就想方设法买一根金利来的领带或者皮带，系了金利来的皮带一定要把标志露出来，就算冬天再冷也要把衣服扎进去，皮带露出来，那真是一副吃不完用不完的样子。大家都开玩笑说像是流鼻血，因为一路都要昂起脑壳走。

科甲巷还有一家叫"名熙"的化妆品店不得不说。在没有淘宝和代购的日子里，名熙在年轻妹儿中那叫一个火爆啊！它店铺非常之窄小，就剩一溜小过道，所有人几乎背靠背挤到一起。市面上所有畅销和爆款的护肤品和彩妆在名熙都有，而且价格好多都是专柜的三分之一，这些所谓"水货"深受当时学生妹子和刚出来工作的年轻妹儿欢迎。

即便是现在，在各种海淘代购的夹击下，名熙仍然顽强地生存在科甲巷。真是一个时代之谜。

要说时装，在当时和科甲巷齐名的还有个地方——草市街。

草市街是专门卖皮衣皮草的地方，当时卖的都是五彩皮草，最畅销的还是枣红色和暗绿色。皮衣都穿在高冷的假模特身上，流行收腰款的皮衣，分了有毛领和没毛领的。当然，有毛领的皮衣贵得多，基本上是几千上万元一件。

穿过"锦华馆"，就能抵达科甲巷 摄影/康筱韵

IFS和太古里成为时尚新地标　摄影／康筱韵

去逛草市街的大都是些做生意老板的太太，她们坐着人力三轮车去，采购完又很得意地坐着三轮车回去。

不光是买衣服的人有钱，卖衣服的老板也是富人，在当时，靠卖高档服装发家的人还不少。一个很资深的商业记者回忆，有一次草市街着火，烧了几家铺子，有个老板哭天抢地地说烧了她几百万的货啊！几百万！在现在都是一个大数字，在那时基本是不可想象的天文数字呀！

当时说买衣服不叫买，叫揲（duo），"把那件皮衣揲下来"。

"揲"就是戳的意思。那个时候每间铺子都没有怎么装修，很简陋，就刷了白墙壁铺了地砖，然后沿着墙角线挂一排钉子，把衣服挂上去，人们选衣服都是仰视，看起哪一件了，就喊老板用叉叉把那件揲下来。

穿皮衣当然要去理一个配得起这么洋气衣服的发型。广东人在成都开了很多广式发廊，那个时候大家都以能在广东人开的发廊里面去理发作为一种时尚的标志。

女的流行一种发型叫"招呼式"，就是把前面的刘海吹来飞起，像鸡冠一样，耸得高高的。男的嘛，就跟着明星理，张国荣和齐秦的发型风靡一时，慢慢又开始流行"小虎队"的发型。

到了1990年代中后期，太平洋百货、百盛这些商场开进了市中心，到后来更是有了王府井。当《ELLE》《时尚COSMO》《瑞丽》等杂志也开始在市面上流行时，成都人才意识到了除了广货，还有真正的时装品牌的存在。

接下来就是美美力诚和仁和春天进驻了。到了今天，IFS和太古里成为时尚新地标，大牌、轻奢、潮牌的概念逐渐有了。成都还诞生了像肆合、耍衫这样的独立设计师集成店、买手店……青年路、科甲巷、草市街作为时尚标杆的一面也就慢慢衰落了。

● 30 年前热盆景就是成都的 "火锅英雄"

30 NIANQIAN REPENJING JIUSHI
CHENGDU DE HUOGUO YINGXIONG

/ 康筱韵

近两年，成都街头层出不穷的大大小小火锅店取名似乎不太讲究，不是叫大龙就是叫大虎，要不就是张三李四王老五……

虽说只是个方便大众记忆的名字，但在父辈的眼中，这些不太讲究的名字和老成都记忆中的老一批火锅店相比，实在是差得太多，比如满江红，比如热盆景。

尤其是热盆景，没有比这 3 个字更能精准定义火锅的名字了，既贴切，又带有一丝文气。

而在 1980 年代的成都，你要是在新南门桥头吃过这热盆景火锅，基本上就能算是个资格的成都潮人和吃货。

30 年前的成都，一环已经远得不得了了，所以，紧挨着春熙路的新南门，自然就是市中心的市中心，有着相当不错的区位优势。

而这家 20 世纪 80 年代最最火爆的热盆景火锅，就在新南门的桥头。

热盆景门口的霓虹招牌彻夜闪烁，服务员提着锃亮铜壶穿梭在桌子间掺茶倒水，火锅桌子从店面里摆到门口空坝坝，里里外外坐闷爆满，去晚了就要排队等位，人多到路过的行人都挤不上街沿，只能走下面。

"那时候火锅还不像现在这么便宜，要起很大的势才能去一趟，如果不是做生意的有钱叔叔请客，很少会去吃。"——那时住在热盆景楼上，还是个小朋友的习习也是因为有钱的叔叔请客，才碰巧当过这样一个"潮人"。

20 世纪 80 年代的成都人是不会随便下馆子的，一是大家生活水平都不算高，二是再小的单位也有自己的食堂，在食堂里吃顿饭也就两三块，而去趟热盆景，据说两个人随便吃吃就能出脱四五十块！当时普通大学生一个月的生活费也不过三十块左右而已啊。

所以，吃热盆景是件不但潮、还"壕"的事情，请客吃热盆景会显得你很行势。而据老操哥们回忆，当时泡妹妹如果条件允许都喜欢带她们去吃热盆景，吃完，差不多就稳当了。

到后来，新南门几乎半条街都打起热盆景招牌卖火锅，外地人根本分不清哪家真哪家假，"热盆景"基本就成了成都火锅的代名词。到了夏天那叫一个可怕，一眼望去，半条街上全部是光着上身的肉，大声武气，狂甩啤酒，一直热闹到大半夜。

但要说热盆景的味道和现在的火锅比起来到底有多好其实也不见得，只是在那时，火锅店本身就是个稀奇的玩意儿，加上成都人向来喜欢凑热闹撑场面，慢慢地，热盆景就变成了一种"高端"的符号。

1995 年的成都新南门热盆景火锅 摄影／刘陈平

1995 年，老热盆景店面拆迁，6 年后在离原址不远的红星路四段开了川西民居风格的红星店，热盆景正式转身走进"高端"行列。

从摆满白色塑料椅的空坝坝变成了能容纳 700 人的大酒楼，端上桌的火锅也变成了定制锅具，边边上刻上了"热盆景"3 个字，还提供同样印有名字的褐色餐巾纸……要知道，刚刚进入 2000 年，成都街面上的火锅也多是街边的小摊摊，更别提还提供餐巾纸了。

即使是高端，热盆景生意也是好到"爆"。

曾在热盆景红星店旁边卖了 3 年烟的曾大爷，提起当年热盆景的红火场面也是印象深刻："2002 年时，这里天天都有排队等着吃火锅的人，有时候连坐到等的板凳都没了，只有站着等了！"他回忆道，"当时生意就那么好！连带着我的生意都好做了！"

就在 2002 年，重庆火锅孔亮入川，用荤菜 6~8 元、素菜 2~3 元这样几乎折半的低价给了热盆景一个暴击。2005 年甚至直接和热盆景对街而立，短短几个月后，成都第一个有品牌概念的火锅店热盆景，在创立二十多年后落幕退场。

而据可查的关于热盆景最后的报道，是关于"热盆景"这个字号的纠纷。因为企业名一直没有注销，所以市面上也再无人敢冒名顶替。

在那以后，"热盆景"这个曾经红极一时的名字，从此与成千上万的成都老饕客们相忘于江湖。🔲

● 走嘛，爸爸带你去蜀都大厦坐个 10 块钱的电梯

ZOUMA，BABA DAINIQU SHUDUDASHA ZUOGE
10 KUAIQIAN DE DIANTI

/ 康筱韵

二十多年前的蜀都大厦，是成都的第一高楼，时尚时尚最时尚的地方。

在这座 1991 年建成的高楼中，什么六本木、康乐、旋转餐厅、手扶电梯和观光电梯，就是那二年辰成都"洋盘"的代表。

我有一位朋友，他回忆起蜀都大厦充满了无限感慨。

那一年六本木刚刚开业，他还是小学五年级的学生，作为学校鼓号队的大鼓手，接到任务说要去演出——正是六本木的开业演出。虽然小朋友们都不知道六本木是个什么，但一听说演出完可以坐成都最洋气的观光电梯，而且还能见到日本外宾，自然都非常激动。

但是到了演出当天，小朋友们才发现原来日本外宾和中国人长得差不多，都感到很失望，只能把期望寄予洋气的观光电梯。

因为小朋友太多，所以分成了 3 批来坐观光电梯，而他不幸被分到第三批，电梯却在轮到他的时候坏了，只能眼巴巴听前两批小朋友兴奋地描述搭乘观光电梯如何安逸，就像坐飞机一样——虽然，他们中并没有人坐过飞机……那种激动和失望在当天让他记忆深刻。

在后来的好多年里，坐一盘蜀都大厦的观光电梯就成了成都小朋友小小人生中一件相当洋盘又值得炫耀的事情，哪怕坐到顶往底下看时其实是遭吓哭吓尿了，但下来之后在说起这个经历时，依然骄傲得像是曾经拥有了全成都。

118 米，30 层，在 1990 年代，确实就是一个可以拥有全成都绝佳视野的高度。

位于 30 层楼顶的成都第一家旋转餐厅，在刚开业时，更是一个需要下点血本才能去的地方，不少人为了感受一把这 1~2 小时转一圈的 360 度无敌视角，可以说是一掷千金。

除了旋转餐厅，成都 20 世纪 90 年代那批有钱人的生活似乎都围绕着蜀都大厦。当时的开发商老总，基本上天天都要对着"大哥大"喊："晚上到六本木耍哇？"

这个洋气的六本木夜总会占据了大厦 28、29 两层楼，集 KTV、酒吧、茶坊于一体。灯光昏暗撩人，装修低调奢华。

1994 年 10 月，蜀都大厦组织福利院的儿童乘坐观光电梯　摄影／刘陈平

据说当时来这儿耍的女娃娃些，颜值都很高，而当时来这耍的男娃娃（叔叔）些，"大哥大"都很大……至于消费到底有多贵，有位叔叔说自己被一个做建材生意的朋友请去吃过，四个人吃了一千多！

另一位同学跟我讲过，他人生中第一次吃到开心果就是在六本木，因为他爸爸在那儿上班，他感叹："这世界上还有这么好吃的花生啊！"

蜀都大厦楼下商场里的衣服也不便宜，至少普通工薪阶层是承受不起的。据说当时有个在二楼卖衣服的李姓员工，因为弄丢了一条裙子，硬生生吃了两个月四角一碗的白油面……

不过再怎么奢华高端，二十多年过去，蜀都大厦早就湮没在林立的高楼中了，现在连人家的腰杆都打不到了。而略显破败的外墙在一堆新楼中，老旧得甚至有点扎眼。被称作"子弹头"的观光电梯也早已消失，只剩下了空荡荡的轨迹…… 🟨

● 成都火锅简史

CHENGDU HUOGUO JIANSHI

/ 李佳蓓

成都的第一家火锅店叫啥名字，晓得不？说出来简直不要太洋盘——"好莱坞"，好莱坞火锅是一个重庆人开的，1936 年的时候开在总府街川戏院附近。

成都人正儿八经创建的成都本土火锅是到了 20 世纪 80 年代初才有，它的名字叫"热盆景"，横空出世的热盆景，港火到什么程度，整个新南门全部都是热盆景的店。当时去吃热盆景是一件很提劲的事！

最初热盆景就在新南门的桥头，借成都霓虹灯厂的几间平房，在房内和门外的街沿边上摆了起来，后来新南门几乎半条街都打起热盆景招牌。那时霓虹招牌立成一片高墙，彻夜闪烁，染红了老南门的天。霓虹灯下里里外外坐闷，去晚了就要排队，人多到路过的行人都挤不上街沿，只能走下面。

1995 年，老热盆景店面拆迁，热盆景搬到红星路四段，可惜 2002 年重庆火锅孔亮入川与热盆景竞争激烈。2005 年更是跟热盆景对街抵到开，短短几个月后红火 20 年的热盆景落幕退场。

新南门的热盆景红火的时候，永丰立交的小天鹅也不差，1986年第一家入川的重庆火锅小天鹅开业了，吃客众多，晚间还有现场娱乐节目，相当轰动。

那时晚上边吃火锅边看表演，主持人还经常在下面和食客们有奖互动。当时八岁的老许还记得，1991年的某天晚上，她跟着父母去吃小天鹅，参加活动得了一个美女塑像，至今还在家留存。她说为什么时间记得那么准，因为那天主持人问："小姑娘多大呀？"她操着不太流利的川普说："八岁。"

在热盆景和小天鹅没落之前，高档的狮子楼和大众消费的罗傻儿、煮肥肠排骨火锅芙蓉国、盐市口的魏火锅已经出现。

成都火锅真正高端化的标志是狮子楼的出现。说到狮子楼马上就会想到杨百万。杨百万是成都第一个百万个体户，做蚊帐生意起家，它在工商局申请的执照号很拽——"0001"号。

蚊帐生意让杨家一夜发迹后，1991年10月8日，杨百万的儿子杨祖伟在万年场开了"狮子楼"。当时万年场还是烂泥巴路，周围都是农田。一开业，车来了，人来了，生意门庭若市。

成都"土著"骁哥说到他1992年第一次去吃狮子楼还很激动，当时是老爸的朋友请客，骁哥跟到去吃巴片儿，"有个服务员递了条热毛巾给我，我半天不晓得该咋办"。

那时狮子楼还自己组建了迎送客人的出租车队，一律奥迪，司机一律戴白手套。

这样的服务很多成都人当时都是第一次见。

除了小天鹅火锅，在狮子楼吃饭也能体验成都并不多见的表演、抽奖。听朋友讲小时候去吃饭抽奖正好抽到他坐的那桌，一个娃娃就屁颠屁颠上去领奖，顺手得了一把狮子楼的雨伞，洋气惨了。

狮子楼招牌在万年场矗立二十多年来，分店逐渐遍布成都。现在狮子楼的网站上还有很多明星来店合影的照片。不过从 2013 年开始，狮子楼火锅营业状况剧烈下滑，后来狮子楼部分店改名为"大同味老火锅"，琴台路店已于 2016 年关闭，狮子楼从此辉煌不再。

当时有一家火锅不及狮子楼，但味道据说没有其他火锅能超越，叫芙蓉国。

1992 年的时候，芙蓉国火锅开在指挥街口，它的特色是有霸王排骨锅底、酱大骨锅底、肥肠排骨锅底。它的广告语很有名："十年风雨路，不变芙蓉情。"到现在很多人都还记得。据说排骨火锅很好吃，但是价格比较贵，一般家庭都是家里请客，或者团年才会去。

刘德一、李亚鹏都去过，还跟老板合过影，后来芙蓉国就不做火锅了，改成芙蓉国酒楼了，再没过几年就彻底关闭了。

相比杨百万的高端、芙蓉国的特色，罗傻儿就要接地气多了。罗傻儿不是傻儿，他真名罗孝法，20 世纪80 年代是开小店卖罐罐鸡的，大家喊他"闷闷"。

1996 年，罗傻儿筹了 5 万块钱，在望平街口租了个 1200 平方米的两层楼，当时，"傻儿司令"刘德一在成都玉双路开的"傻儿——凌汤圆酒店"很有名气，于是罗傻儿趁热闹取了"傻儿火锅"这个名字。

9 月 18 日开张那天，1200 平方米的大楼水泄不通，大家都冲着他的酒水免费来的！不仅开业，傻儿火锅一年四季都免酒水，绿叶啤酒、豆奶、沱牌大曲随便喝！中午就开始排队，晚上去根本找不到位置。

罗傻儿最辉煌的时代，是他在南门502 被服厂又开了一家 1000 平方米的分店，依然火爆，完全就是个火锅大食堂。江湖上传说，当时火锅店一旦冠上"傻儿"的名字起码不会赔本。

成都火锅　摄影／吴逸韵

那时傻儿火锅除了火锅好吃，面包、包子、肉臊面也好吃，面包是牛奶面包，两元一板的四大块。

不过没过多久，以"永远当大众的傻儿"为宗旨的傻儿火锅，因为"死老鼠事件""筷子事件"开始走下坡路。1997 年的三八妇女节，在望平店、金沙店、502 店相继倒闭后，最后一家新鸿店也被法院查封。

这栋立志让每个老百姓都吃得起的火锅大厦轰然倒地。后来有人说罗傻儿自杀了，有人说他出家了，还有人说他去北方开了很多的加盟店……在微博上居然还能看到他发的微博，最后一条停留在2012 年。

20 世纪 90 年代初，虽然没有上面的火锅那么有名，但魏火锅、七星椒火锅、台北石头火锅城也算有特色。

魏火锅开在盐市口，就是现在新中心的位置，典型的"苍蝇馆子"，吃火锅的都是操哥，那时也是魏火锅味道最好的时候。后来魏火锅开到了美领馆附近，味道慢慢变得不再稳定，没几年就垮了。

开在南大街口子上靠近红照壁的七星椒火锅也很火，木质结构的老铺子，可以上二楼，他家的卤菜可以说跟火锅齐名，吃七星椒必点卤菜，还必须打包外带，麻辣鸭舌很多人都买回家下酒。

在东门，台湾人开的"台北石头火锅城"消费较高，但环境不错，味道偏清淡一点。朋友说他人生第一次吃沙茶酱就是在那里，吃第一口就觉得这个味道太美妙了，从此爱上了牛头牌沙茶酱。还有人生第一次看到用生鸡蛋打到作料里蘸菜也是在这里。

1996 年以后，谭鱼头、快乐老家，还有成都第一个用全牛油的"炉子火锅"又成了新的气候。

当时的炉子火锅，以醇厚的牛油锅底出名，是成都比较早的一批重口味的火锅，味道很辣，辣得开跳。但据说锅底有中药味，尾调回甜，在当时很特别。还免费送银耳汤和八宝粥，非常大气。

炉子火锅最牛的是它还向重庆火锅"下战书"，不少重庆老板都曾跑来考察。

小五说她 2000 年高考完就是去炉子庆祝的，考完那天和几个人坐三轮车去逛了太平洋全兴店，买了一件蓝色碎花的连衣裙，然后冲进炉子撮了一顿。

曾经住体育场附近的阿塔记得特别清楚，后子门的滇味米线隔壁楼上，就是炉子火锅。有几年生意之好，吃炉子火锅要等座，后来炉子在人南立交下面开了一家，很大。一些名人那个时候都去吃过。

和炉子齐名的是美领馆附近的快乐老家。

快乐老家当时是做印刷起家的两口子做的，在成都红火了有 10 年左右，有人家里现在都还有当年吃完"快乐老家"赠送的一打杯垫！不过现在再搜"快乐老家"全是创始人卷款潜逃的新闻。

1997 年，成都终于有了第一家自助火锅—— 川王府，地址在现在的双林路 127 号。

当年很多成都人把人生的第一次吃自助餐都献给了川王府，大学毕业散伙饭的最后一滴泪也是洒在川王府。它也是当时"扶墙进，扶墙出"的首选，是很多人亲朋好友过生日的必选，那几年只要在成都东门的人就没有没吃过川王府的，婚宴如果吃川王府也是件很港火的事。

朋友阿塔经历了川王府的鼎盛时期，他读大学那时候，大型的自助火锅实在是罕见。川王府像一个巨大的超市，厅很大，敞吃敞跑。关键是酒水免费啊，好洋气，可以喝各种酒。那时候年轻，吃自助觉得赚翻。

另一个朋友陈晨儿回忆她 2006 年高中毕业的时候，川王府是 39.8 元一位，指定绿叶啤酒免费喝。"当时川王府还很给面子地给我们做了一个毕业谢师宴横幅挂在了门口。六十来个同学坐了十来桌，吃到最后边吃边喝边聊边哭，每次去厕所都会遇到在里面哇哇大吐的同学。"

"那顿饭从六点吃到十一点，在门口依依惜别，很可惜，忘记合影留念一张。"

后来川王府垮了，门口摆起桌子板凳和碗碟，在大甩卖。"原价 498 元的电饭煲现价 280 元！""碗、盘子都 1 元！"，住在水碾河的老王默默从旁边走过，这家他吃了十多年的店就这样垮了……

在川王府垮之前，能与它齐名的就只有开在抚琴的荣兴苑了，那是属于西门娃娃的自助火锅，过生日能请一帮同学朋友去吃，简直洋盘惨。那时都是一群眼睛大肚子小的娃娃，虽然吃不完，但就是要拿。

在川王府垮之前，大白鲨、粗粮王、绿满家已经出现了。

成都第一家海鲜自助火锅超市就是大白鲨，当时把海鲜拿来自助，好牛啊！

很多人第一次吃河豚就在大白鲨，每个人吃的时候心头都很虚，又新奇又害怕，怕吃了就会像电视剧中那样中毒。

我的同事大毛现在回想起大白鲨还觉得很高级："妈妈的朋友请全家吃饭，当时哪里听过自助火锅哦，一盘一盘的鲨鱼肉端起来就整哦，感觉就像现在吃帝王蟹，现在想那哪是鲨鱼嘛就是普通的海鱼吧。但是有点不爽，因为隐隐感觉很高级，不敢放肆吃，只能吃大人拿的菜。

"2005 年大学快毕业时，一个同学阑尾炎犯了，宿舍同学帮了她，她事后请所有人去吃了大白鲨，成为最后的绝唱。在后来绿满家、家家粗粮王出现时，我已经识破了自助火锅的真面目，就是一堆瞎猫死耗子不值钱的'破落货'。"

朋友陈晨儿每年同学会都会和同学们一起回忆曾经那次吃大白鲨的经历——初一的时候班上的"白富美"同学过生日请客,十几个初中生包了一个长条桌子,"白富美"坐在头头上,现在回想起来有点像西方贵族宴请宾客那种阵仗。那顿饭吃了"白富美"同学五百多,对当时才读初中的人来说,简直是一笔巨款,每次同学会提起,都觉得就像昨天一样。

家家粗粮王没有大白鲨高级,听名字也很朴实。粗粮王听名字就不像火锅,确实它除了火锅主要是有很多小吃点心。当年在八宝街每人 18 元随便吃,有人去了很多次都不知道他家是卖火锅的,因为每次去都直接栽进小吃堆无法自拔。

特别是在成都水电校读书的学生,那时寝室的娱乐项目就是每周去青羊夜市黄河商业城的家家粗粮王聚餐。因为过生日免费,很多胃大的男生们还会自己一个人跑去憨吃猛胀一顿。

家家粗粮王在成都消失多年后,后来有人发现它竟然又出现在北京西单明珠商场。现在还在没,就不知道了。

说到粗粮王就不得不提绿满家。春熙路口的绿满家,简直承包了大学里整个寝室的生日餐,撑得直不起腰的日子都是在那儿吃的。以前读大学的时候去绿满家,谁不是从上午十一点吃到下午三四点,然后出门时候一边扶墙一边说以后再不这样吃了,都胀拢喉咙了,然后没过多久又屁颠屁颠地跑来吃?

不仅承包了大学生的聚会，绿满家还承包了新中心、泰华、九龙，以及春熙路上各种运动服饰的聚餐、年会。朋友大星告诉我："老板儿请小妹儿、小弟娃儿聚餐，一律绿满家。要问那二年在春熙路卖衣服的没吃过绿满家，绝对不可能。"

那一阵学生都吃自助，有钱人都去皇城老妈。有一段时间的皇城老妈简直垄断了成都整个高端火锅市场。当时如果成都以外的区县人上成都出差，有人请吃了一盘皇城老妈，回家可以吹很久的牛。

那时所有明星来都吃皇城老妈，有位娱记朋友说他一年要去很多盘，都是陪来成都演出的各种歌手去吃。

从 20 世纪 80 年代初到现在，火锅江湖迭代起伏，吃客们来来去去，曾经陪你胀到喉咙、喝到烂醉的人，很多都再也聚不齐了。

无论现在的火锅店服务环境多好，老辈成都人永远最想念的还是街边小铺子，粉红色宝丽板桌子，烧着煤油炉子。你坐下，老板就会拿着裹了一小块浸了煤油的布的铁丝签签来点火，火一燃，坐到河岸边慢慢吃，哪怕风吹下雨收桌子，不下雨了又接着吃。

● 每一个怀揣大牌梦的成都女娃娃，都经历过三多里

MEIYIGE HUAICHUAI DAPAIMENG DE CHENGDU NVWAWA,
DOU JINGLIGUO SANDUOLI

/ 康筱韵

到底是先有三多里街，还是先有三多里这个服装品牌？——这是二十年前，成都小女娃娃们在逛三多里门店时，脑海里经常会浮现的问题。

牌子货，对于二十年前还在读中学的我们来说，就是可以让我们趾高气扬一整个学期的资本，它们是真维斯、班尼路、佐丹奴，是奋（FUN）牌、高邦、第五街，是佑威、以纯，是美特斯邦威……

时间要是再往前一点，偏远一点的区县娃儿甚至还不太熟悉耐克和阿迪，听是听过，但大多时候根本不敢奢望。

而李宁就是时尚认知中勉强可以触及的尽头，连郭敬明都要为穿上了它，专门写下几行字：

我念初二了。
我有了第一双 LINING 的运动鞋。
我开始觉得佐丹奴和班尼路是名牌的衣服。那个时候还没有美特斯邦威也没有森马。曾经用存了很久的零花钱，买了一件佐丹奴 98 块的背心。
在同样的这一年里，我发表了一首很短很短的诗歌在杂志上……

——郭敬明《你的一生如此漫长》

以上这些牌子，对全国人民来说都是共同的记忆、共同的洋气，唯独三多里，是专属四川"80后"的记忆。

从严格意义来说，三多里和佐丹奴、真维斯还不太一样，大概算是成都最早也最具规模的外贸店，最初并没有自己的设计生产线，店内的衣服多是从荷花池等地方淘回来，再贴上三多里的标签，放到店内出售的。

而三多里又和后来本色那样的妖艳贴牌地摊货不一样。

三多里的衣服不仅好看，而质量和版型非常好。前段时间有小伙伴翻出了十年前在三多里买的白衬衣，牛津布，虽然已经泛黄，但漂白水一漂就白，再用金纺泡过之后，完全可以伸抖地再次出街。

但，这些都不是最重要的！在品牌意识才刚刚建立的小女生眼里，三多里在那时，就是一个真正洋气的牌子，真正的专！卖！店！

价格没有贵得离谱，衣服时髦，且款式多到竟能让人失去耐心。所以，位于上面那条同叫三多里街口的三多里旗舰店，总是人气旺盛。

三多里最火的那几年，它的分店遍布整个四川的二三级城市。

在没有什么品牌、小服装店里只卖嬢嬢穿的化纤长裙的小城里，三多里的出现，对小姑娘们来说是一个多大的惊喜啊！它那些纯棉的 T 恤，上面印有猫猫狗狗，比花花绿绿的化纤衬衣、长裙好看一百倍。

为了跟上三多里的时尚步伐，囊中羞涩的我们曾拼尽全力：

午饭可以不吃，但衣服不能不买，为了一件三多里，有人整整一个月只啃干脆面；过年是真正的节日——拿到了压岁钱，就可以去三多里换回半学期的洋气分额；实在买不起，那就去三多里看款式，然后去其他地方淘便宜一点的同款……

朋友小牛至今都还保留着一件三多里的开衫。"从在城里读书，到知识青年下乡，再到回归省城，这件三多里陪伴了我不止十年，但是，我一直没怎么穿过它，因为当时太贵，故意买大一码，结果，我一直没长高。"

然而流行变更的速度一向如飓风刮过，后来，三多里的旗舰店一再打折，我们也再没去逛过。再后来，三多里路还在，三多里的衣服却消失了。

但是，真维斯、佐丹奴、第五街，甚至是欢腾和FUN都还没有消失！

这些现在你就算从门口路过都不会再往里面看一眼的品牌，却曾是我们眼中的大牌。

曾经的真维斯有好洋呢？翻开当年最红的那本杂志《瑞丽》，真维斯的广告和植入可以说是铺天盖地，甚至连少女杂志上的校园爱情故事都会以"他身穿一件真维斯的外套"的描述来凸显男女主的品位好并且家境不错！

那时候的真维斯又有多贵？

回想起来，超过 300 元的衣服不算多，春夏季服装基本就是 79元、99 元、139 元、199 元，但对于当时在春熙路吃一顿 56 元巴西烤肉就觉得自己怎么能那么有钱的中学生来说，一条 139 元的真维斯牛仔裤，就是轻奢！

而佐丹奴，就更高级了。在 2000 年左右，真维斯的牛仔裤都只要 99~139 元，佐丹奴居然要卖 199 元！

不管是对当时量入为出的中学生，还是生活费还算宽裕的大学生来说，这价格都有点过分了。毕竟那个时候，大学一年的学费才 2500 元，食堂一个素菜只要 5 毛！

但是没办法，谁让它就是洋，但凡家境普通或稍微偏上一点点的男女生，都以拥有一件佐丹奴为荣。

那时候的我们似乎也不像现在这样厌恶"撞衫"。

佐丹奴有一款经典风衣，是每年都会上架的常青款，防风布，很薄，有各种颜色，在学校操场逛一圈，就能集齐所有颜色。

风衣价格已经不记得了，反正不便宜，但是大家都要去买。由于款式太经典太有标志性，只要穿上这件风衣，大家就会一下知道：你身上穿的，是佐丹奴。

佐丹奴的代言人也很大牌，清一色韩国当红明星。

在全智贤第一次大红时，佐丹奴不惜血本请到了她当代言人，甚至拉上了张东健和郑宇成，拍了段接近十分钟的广告片！3 位韩国国宝级演员同框，财大气粗，说的就是那时的佐丹奴。

如果说真维斯、佐丹奴是轻奢的休闲品牌，那第五街——5th Street，就是我们最早认定的轻奢潮牌！

直筒的牛仔裤，裤管和屁股上的两个包包都很大，裤脚更是巨大无比，穿上的长度以刚刚拖地为最佳，还必须磨得稀烂，不烂不潮。

听起来是很街娃儿的裤子，最早却只在太平洋百货才有专卖店，太平洋哦，所以当然也是奢侈品！最潮的这款大脚裤，有点花纹的至少500元，基本款300元以上，所以在那时，能穿第五街的，不仅潮，还"壕"。

朋友小周在高中时，差不多是学校里第一批穿第五街牛仔裤的人，当时买了两条裤子，几乎是从夏天穿到了冬天，上半身从短袖穿到羽绒服，"当时觉得自己简直是潮爆了，被老师视为不良少女也不管，反正就是不穿不开心"。

当时女生穿第五街会被视为"不良少女"，男生穿条第五街就可以引领全校潮流，可以傲视群雄，甚至有了和校花搭讪的自信。

但越是年轻人心中的潮，家长越是深恶痛绝。

记得有个女同学的男朋友是大学班上最潮的男同学，斥巨资给自己买了两条第五街的大裤子。而当他们在街上乱晃的时候被女同学的家长撞个正着。家长看到男同学的裤子，立即下了"封杀令"，说男同学是二流子，不准他俩耍朋友！

这个悲伤爱情故事的结局我们并不知道，但却十分羡慕这位男同学——要知道两条大脚裤，基本就够当年在艾格买件冬天的羽绒服啊！

日新月异的春熙路　摄影／康筱韵

哦，对，还有艾格。

学生时代，当普通中学生都在穿真维斯、班尼路的时候，要是谁买了一件艾格，大概能和现在买了个正价 coach 包的心情差不多。

当时的艾格也是很牛，号称"我们从来不打折"，唯一遇到过的打折，都是在盛夏的花车上，兜售去年冬天卖剩下的大袄子。

还有一个牌子，可以说是少女们，尤其是淑女们向往的最高殿堂了，那就是淑女屋。

那时候大学一年的学费 2500 元，而一条淑女屋的连衣裙，就要 528 元！天鹅湖款的更贵，要 1000 多。

还记得冬天的时候，中学班上有个女同学穿了件淑女屋大衣，当时要 700 多，瞬间就被全校女生传开了，因为据说是当时挂在伊藤门口打版的那款。到现在，一位朋友的衣柜里还有好几件淑女屋的衬衣和裙子，再不会穿，但就是舍不得丢。

阿塔记得，她上大学时，1998 级某新闻班的男同学常常望着班上两位女同学身上穿的淑女屋发神："她们俩怎么会有那么多淑女屋，也太高档了……"

没那么高档的我们也追，比如班尼路。

据身边的"70 后"说，最早班尼路叫宾奴，是 20 世纪 90 年代初期成都操哥才穿的牌子。到了 2000 年后，才变得价位低人气高，有点像今天的优衣库，人人买得起，经常会被穿成班服甚至校服！

班尼路大概是我们这代接触到的最早玩儿跨界合作款的品牌。犹记得撞衫最严重的要数哆啦A梦系列合作T恤，而同样画着哆啦A梦的人字拖只要不到30块钱，几乎人脚一双。

它还出过极简的字母Tee，曾经在春熙路上见过6个男生，穿着清一色白色T恤，上面分别写着b、a、l、e、n、o六个字母，然后走成一排，要不是因为他们还背着书包，真的会以为是班尼路花钱雇的行走广告牌！

那时班尼路的代言人，都是最红的明星，比如刘德华，比如王菲，一直到2006年《疯狂的石头》横扫全国影院时，黄渤都还在给班尼路加戏。

现在依然还有很多念旧的人在买班尼路穿，一位四十多岁的朋友说："班尼路的打底内衣，袖口领口加厚的那种短袖，穿了二十年了都不腻，百搭！"

除此之外，牛仔系列还有飞鱼堡（博士堡），英文：BOS.B，当年也是属于可望而不可即的牌子，U-Right佑威、雷柏高（Lepaco）都曾在我们的青春时代火过好一阵。

平价的高人气品牌还有本色、以纯、高邦、美特斯邦威，几乎都是属于"85后"的记忆了。

他们都曾经在春熙路最打眼的地方，霸占过一整栋小楼，从一楼逛到四楼，比三多里更能诠释什么叫款式多到让人失去耐心。

2010年的《一起去看流星雨》，郑爽带着稚嫩的演技说："端木，他带我去了美特斯邦威，挑了很多衣服和鞋，照镜子的时候我都不知道里面那个女孩子是谁。"

虽然说，这段台词现在看来有些老土，但如果这段台词发生在美特斯邦威刚刚出来的那一两年，毫不夸张地说，一点都不为过！

学生时代的生活总是枯燥乏味的，面对新生事物，一切能够用来博得关注的东西，大家总是津津乐道。随着年龄的增长，对品牌的攀比和关注都被工作和柴米油盐分了神。虽然偶尔还是会有对新的大牌的向往，却再也没有了当初那股"一定要跟上大家的关注点"的热情。

更多新品牌入驻春熙路—太古里商圈　摄影／康筱韵

如今，减少门店数量也无法止损的班尼路逐渐没落，春熙路上的"专卖店"小独栋早就被后来的优衣库、H&M 等快消品牌占领。曾经在最中心位置的真维斯和佐丹奴都被挤到了角落，当年卖 199 元的裤子如今依然卖 199 元，价格虽没有跟着物价上涨，设计却也再也无法跟上我们的步伐。

我们再也不会因为能说出一句"我在专卖店买的"就洋洋得意，现在路过这些曾经的"大牌"门口，也不会再往里面多看一眼。更不会为了缅怀而缅怀，冲进去买一件衣服来填满太年轻时无法被填满的虚荣……

但每当整理衣柜，翻出压在箱底，那些已经不再能穿却一直舍不得扔的旧衣服，看着后脖颈上那一个个曾经熟悉，却因年代久远连 logo 都快要看不清的商标时，一切与这件衣服有关的记忆才又会浮现在脑中，对我说一句："好久不见了。"

● "雷迪波尔提醒您收看《运动时空》"

/ 胡琴

以前，家里没有安Wi-Fi，爸妈也还没有迷上上网，吃饭的时候就把电视开起，节目随便放，吃起吃起又瞟两眼电视。吃完夜饭，收拾碗筷的收拾碗筷，其他人就瘫在沙发上认真地看电视了。

而现在老爸基本上抱着ipad斗地主，老妈忙着用微信在她小学同学群疯狂发语音，电视机一个月开不了一次。要知道，早些时候大家看电视还要抢遥控器的，爸妈爷婆每个人都有自己喜欢看的台和节目，成都电视台和四川电视台来回切换，当时觉得那些节目真的好好看啊，一个接着一个地看到很晚才肯去睡。

五六点大家煮饭吃饭的时间，有两个节目基本上同时开始演：一个是《新闻现场》，一个是《成都全接触》。

专业上说这是民生新闻类节目，其实它什么都可以扯。地铁通了要播，博物馆开馆也要说，哪个在理发店办了卡结果老板卷款跑路了也播，反正就是各种鸡毛蒜皮、邻里街坊的琐事杂事。

比如家住玉双路的李婆婆养的猫儿今天爬到树上去了，一直不下来，婆婆好着急噢，于是给节目打热线。然后摄像机就对着那只猫儿一直拍个五分钟，接着采访李婆婆两句，邻居围上来摇着蒲扇争先恐后说两句。记者最后帮忙打了119，猫儿下来了，婆婆开心了，事情解决了。

大家喜欢看的原因，其中一个可能是看记者的采访，因为他们的问题真的……不知如何作答。这些问题，关切中透露着同情，同情中夹杂着幽默，比如：有次有个精神有点问题的男人跳楼，他父母都赶过来了。等他妈妈哭够了，记者跑过去拿话筒对着她问："请问你现在有啥子想法喃？"

有户人家着火了，记者赶到现场之后火已经被扑灭了，女主人讲述正在煮饭的时候家里就起火了。一段话听完之后，女记者的第一句话是："那你们的饭煮熟没有喃？"

还有一位记者去采访一个车祸现场，司机被卡在驾驶室里面动不了，浑身是血。一位男记者跑过去很关心地问："师傅，你痛不痛喃？"

一位朋友说，他是真的被这样采访过。一次车祸后，他的腿受伤了，被抬上了救护车，他躺在车上，等着车开去医院，休息中一直觉得有人拿手在戳他，他因为惊魂未定加上真的很疲惫，所以开始没有理，但那只手锲而不舍地一直戳。他睁开眼睛看是一位记者和摄像师。记者看终于戳醒他了，第一句就是："你痛不痛？"

虽然记者问这些问题，采访对象尴尬，观众看起尴尬，但是也会有出其不意的回答。

记得有条新闻是一台法拉利自燃，记者赶到的时候车主正冷静地站在旁边抽烟。记者急忙发问："师兄，现在是啥子情况嘛？"车主吐了一口烟然后用手对着车一指："啥子情况？还在燃的嘛……"

真是让人哭笑不得。

晚饭时间看的都还是些小打小闹的新闻，进入 8 点档，画风就不一样了。有个栏目叫《黄金 30 分》，这个节目从 1999 年开播，长盛不衰、家喻户晓，简直"不看不是成都人"。

最经典的两个节目，一个叫《视线》，一个叫《焦点》，前后脚播。

这两个节目外公外婆天天准时守着看，出去散步都要掐好时间点回来看，而且每一分钟都不会错过，一到广告时间赶紧去倒洗脚水，生怕看漏了一个画面。说来奇怪，虽然好几年都不看这些节目了，但是一说起，记得之清楚。

《视线》主要讲一些温情的故事，多数时候是些惨事。比如：丈夫患上了"渐冻症"，妻子成为第二个"肺"；不翼而飞的百万钱财，害苦老人谁来负责？脑瘫婴儿降临人间，是福是祸谁来买单？

看吧，光是看个标题都觉得人生艰难，导致心软的外公外婆经常想给电视里面的人捐钱。

另一个重头戏《焦点》，不得了，是很多成都娃娃惊悚故事的启蒙，头天播了预告片之后，一整天都在期盼它赶紧播。它打的招牌是：大案要案奇案悬案拍案说法；真相迷情是非悲欢弘扬法制。

《焦点》的画风基本都是这样的：百万富翁赤身裸体惨死家中，警方跨国追凶；疯狂女婿大开杀戒，兔年春节家中疯狂杀人；三具尸体惊现河中，警方巧设妙计破连环案……

好可怕！又好想看啊！播的时候所有人盯着电视屏气凝神，这个时候哪个要是敢插话，全家都要嘘他！

有些案发现场经常血淋淋的，很可怕，画面还总是泛黄泛绿，加上惊悚的背景音乐和男主持人低沉的配音，心跳都加快了。

这个节目的套路也很明显了，除了案发现场，一般还要在派出所采访警官，讲述一下破案的过程。我知道讲案情很严肃，但是采访过程中，各地（泸州、宜宾、乐山、达州……包括成都）警官的川普让人着急。

然后还要去看守所采访犯罪嫌疑人，让他说一说自己的作案经过，以及多么后悔。如果不看这个节目，第二天你根本没法和小区楼下的姆姆们摆龙门阵！

家里老年人看多了这些节目，每次见面的开场白都是："你千万不要去见网友啊！昨天那个《焦点》里演的那个女娃娃……"

星期天没有《焦点》和《视线》，整个人都没有活力，但是有一个叫《非常话题》的谈话节目填补了周末的空白，主持人一直都是没换过，叫李大庄。

这是一个现场"扯经"的节目，把家里遇到的"丑事"拿到演播厅来摆，什么母亲抛弃了儿子咯，妻子生下孩子就跟着别人跑咯……还有各种奇葩的事情，比如女子为相亲专门去整容，37岁无业男子要追范冰冰。

主持人把当事人请到现场来坐起，周围坐了一圈"吃瓜群众"，主要是一些大爷大妈。哎哟，能参加这个节目简直是不得了，你看后面坐的姆姆们，统一穿着披风戴上华丽的项链，打扮得之隆重。

这个节目早期的时候，搬的是一排茶铺头放茶杯的塑料胶板凳。叔叔孃孃们可不是坐到边上看热闹的，他们要点评当事人的行为，每个人都义愤填膺，经常指着台上的人就开骂，有时候又苦口婆心地劝说，可以说是相当操心的一群人了。

很明显，孃孃些多数都是群演，有一次人民公园相亲角爆发"南北大战"的时候，我方代表的孃孃就被人民群众火速认出来，"嗦，这不是演《幸福麻辣烫》那个嘛！"可见她们的辨识度多高。

后来，成都电视台也做了一档类似的节目，名字忘了，也是找人去台上讲一些自己的家务事，嘉宾还要戴上舞会的那种面具，搞得很神秘的样子。现场的故事没有最狗血，只有更狗血，常常都是老公出轨、婆媳大战，什么都有。

有段时间四川二台的相亲节目《今天我相亲》也超级火，特别是家里的妈妈们都是每天守着，看得之攒劲，还要点评男女嘉宾。相反，爸爸们对于这种情啊爱啊的节目就不大感兴趣，还要"洗"她们："人家相成功又不得给你一分钱，你在那儿看得这么高兴干啥子！"

节目一开始，先要把双方的全部信息都拉出来，包括月收入都写得清清楚楚，每一期都有一个主题，比如：江西帅哥与成都女孩的邂逅；爱孩子的父亲寻找能干贤内助……

男女嘉宾见面永远是约在一个满是绿色植物的茶楼，要点菊花茶，用透明的玻璃杯泡起。女嘉宾不好意思说话的时候，就会拿一头是椰树的塑料棍棍一直搅茶，搅啊搅啊……

两个人交谈完了之后，女主持人就会把他们各自拉出去了解情况，看他们双方有没有意思。据说还真的有最后在一起了的哦！

民生新闻、家长里短之外，还有个交通警示类节目，成都电视台的《谭谈交通》也是关注度超级高，自从有了这个节目，成都的一大半司机都想在马路上被谭乔警官逮一盘。

谭警官穿一身交警制服，每天开着车在马路上逮违反交通规则的司机，在人家屁股后面跟一会儿，然后就上去拦住。但是他不开罚单，而是找你摆龙门阵，顺便把你教育一番。

很多期都被封为经典，在网上传播很广。有一期很好笑，有位二手家具店的老板绑了两个沙发在电瓶车上，然后就被谭警官拦下来了。重点来了，他们直接把绑的两个沙发和一个茶几摆在了马路边边上，来了一场"高端访谈"。

话题可不简单，从哥本哈根的环保会议，到政府的货币政策，简直就像是走进了《央视财经》节目的演播厅。

大哥虽然是违反交通规则了，但是一点没怕，整个人非常放松，二郎腿跷起，侃侃而谈。

平时我们看到的警察都是面无表情的或者飞凶，但是谭警官的出现，让成都人民知道：警察也是可以给司机好好生生说话的。

成都人看电视很认主持人，每个主持人都是如数家珍，当时很多人看成都台，都是为了看石成金。石成金长得不好看，但是粉丝之多，以至于后来他离开电视台，网上很长一段时间都有好多人在问：石成金去哪儿了？他的去向成了成都电视圈未解之谜。

四川电视台推荐的美食小摊 摄影／陈昱坤

石成金的节目叫《道听途说》，就他一个人坐在一个假背景面前，像是自己端着自己。就靠一张嘴讲段子，永远面无表情，普通话夹杂着成都话。

石成金戴副眼镜，手指极为修长，讲段子的时候喜欢比画一些手势。他给人最大的印象就一个字：扯。虽然他自己表情僵硬，但是摆的段子还是好笑，有时候还要亲自出演情景剧。

这个节目最火爆的时候，很多"90后"都在上初中，为了看石成金常常都跟做贼一样，悄悄密密把遥控器捏到，音量调到最小看，妈老汉儿一回来，赶紧把电视一关假装在学习。

还有个叫《欢乐成都欢乐送》的节目，有两位主持人，男主持叫苟少，女主持人叫燕妮，也很受欢迎。两个人每天到处去找好耍的、好吃的，然后去宽窄巷子采访路人，给他们送红包。

很长一段时间，大人问小朋友们"以后想干什么工作"，回答都是"当《欢乐成都欢乐送》的主持人"。

还有太多太多，每天几乎是几个频道换着"车"：《今晚 800》《举手表决》《东说西说》《五虎将出动》《食不可挡》《明星三缺一》占满了成都人的夜。

当时看电视，还有一个感觉就是我们四川台成都台的主播都太美了，气质之好，在心中简直比央视的主播还美，比如《新闻现场》的雷小雪、《红绿灯》的薛瑾、《成都全接触》的叶军。

电视看久了，记忆深刻的广告语也不少，张口就来的一句广告词是："雷迪波尔提醒您收看《运动时空》！"还有《小刚刚刚好》的赞助商杨忠府，很多人都好奇："杨忠府到底是哪个嘛？"一个人居然可以冠名一个节目！结果是卖挂面的……

后来随着网络的冲击，大家都不怎么看电视了。主要电视节目也不太行了，偶尔"车"两个频道发现四川卫视常常放《新白娘子传奇》、抗日神剧，一部接一部都不带喘气的。

《炮耳朵的幸福生活》《幸福麻辣烫》这些自制剧里就是媛凤、田长青、巴登这几个人转来转去，也是翻来覆去地播，看到就想转台。

广告又多又长，仿佛永远都有卖不完治风湿的药酒和治青光眼白内障的莎普爱思。

现在慢慢回想才发现，以前的时间怎么这么多啊！居然看过这么多电视诶！而现在，就连抢遥控器的爸妈都放弃了电视玩起了 ipad，大家各自耍手机耍到半夜，然后睡觉…… 🔳

● 再见咯，锦城艺术宫
ZAIJIANLO, JINCHENG YISHUGONG

/ 李佳蓓

走进空荡荡的剧场，挖掘机的轰隆声透进来，水晶吊灯只剩了一个架子，茶色镜子倒映出的世界像糊了层浓茶茶垢，这是 2019 年 1 月初的锦城艺术宫。

32 年来，这座位于天府广场旁的艺术殿堂，曾是西南地区最高端的文艺地标，大剧场里的 1485 个座位，承载了成都几代人看演出的记忆，它就要拆了，这个由茶色的玻璃、巨大的水晶吊灯、有点挤的座凳构建的"宫殿"即将消失在时间尽头，只剩下几代人记忆里一些闪亮的碎片。总有新的来、旧的去，不可避免，但我们无法阻止人们对它的怀念。

2019 年 1 月，从锦城艺术宫内部看出去的景象　摄影 / 李佳蓓

二十多年前，从广元旺苍被选到成都参加四川省少儿艺术大赛的大毛，第一次走进了锦城艺术宫。锦城艺术宫里的水晶吊灯从超高的房顶垂下来，密密麻麻的水晶颗颗都极大极闪耀，脚下是水磨石的地，滑滑的。

表演了什么她已经记不得了，只记得上了舞台，灯光一打，明晃晃的，根本不晓得下面坐了好多人。几年之后，大毛全家迁到了成都，住在离锦城艺术宫不远的梨花街，在那住了十几年都一直没再进去过，巨幅的杨丽萍海报、一场又一场的《暗恋桃花源》被反复挂在锦城艺术宫上的超大广告牌上，但当时上面的价格，贵得让大毛"怯步"。

直到工作后，大毛有了女儿，一次保险公司送了一张儿童剧票，她才带着女儿去看，整个过程台上台下都充斥着保险公司宣讲员的激昂，剧情是什么她已经记不得了。

出来之后她又仔细端详着那盏极其华丽的水晶吊灯，还是如此巨大，只是扑面而来的水晶不知道已经掉了多少颗，整个灯蒙上了一层时间的昏黄。

和毛毛比，H姐的女儿菡菡可以说是非常幸运，她几乎就是在艺术宫舞台上长大的，基本上每一年都会登上艺术宫的舞台。2007年的时候，杨丽萍与容中尔甲一起推出的《藏谜》，3岁的菡菡作为其中一员在后台和杨老师合了一张影。那个时候她还不懂，为啥一场演出响起了六十多次掌声，不懂杨老师后来为啥不下台，在台上和演员们抱头大哭。

后来几乎每次杨丽萍老师来成都表演她都会前去留影。从比桌子高一点点，到现在早已超过了杨老师的肩膀，小女孩儿长大了。

一部分"80后"的成都人小学时都去锦城艺术宫参加汇报表演，表演的节目往往是大合唱、诗朗诵，上过台的人都记得舞台老旧的木质地板会发出脆脆的响声。除了表演，偶尔还会听安全知识讲座。

作家桑格格在《小时候》里写到她曾在锦城艺术宫门口喊过苏有朋：

这件事情发生在11岁暑假的一天。这天天气晴朗，我吃了饭没得事，骑起我妈的菊花26到处耍，居然从420厂骑到了锦城艺术宫这边！我正在耍骑单手，一辆崭新的中巴车从艺术宫开出来，最后的座位上有一个人打开车窗往外头望了一眼，我大叫：苏有朋——！

苏有朋遭我吓了一跳，连忙把脑壳缩了回去。我猛蹬了几下车子追上去，刚好前面有红灯，中巴车就停下来了，我手把着车窗，梆梆梆地敲，很热情地欢迎苏有朋来到天府之国：嘿——！我晓得你是哪个！苏有朋嘛！你把车窗打开！

锦城艺术宫内景　摄影／李佳蓓

苏有朋只有战战兢兢地把车窗打开了。他看我吊儿郎当地一只手把车龙头，一只手把着车窗冲他嬉皮笑脸，也赔着笑脸，而且用十分好听的嗓音说着十分好听的普通话：小心安全！

我至今认为他这个人不错，虽然觉得他演戏不咋个。

很多人对锦城艺术宫的情感，都是用一部部剧串联起来的。

蓓蓓对锦城艺术宫的记忆停留在三四岁的时候看《白蛇传》。印象最深刻的是看完去小卖部吃到了那种抽屉式电烤箱的羊肉串，8毛一串，看完剧吃完串儿，小小的精神和小小的胃得到无上满足，惬意无比。

晓维印象最深的，是以前《成都商报》和锦城艺术宫主办的"周末音乐会"，门票大概就在10元到30元之间，偶尔会有国际乐团来，价格稍微高一点儿，但其实真的很划算，是一周辛苦后的小惬意。很多《成都商报》老读者，都对"周末音乐会"的记忆很深，某次搞活动说要拿出以前的票根，好些老观众竟然把每一期的票根都存了下来，让人特别感动。

很多"80后"的成都本地人，虽然从小都从那儿路过，但到了上大学，有了自由支配的生活费或者是谈恋爱后，才第一次正式去锦城艺术宫。

泡泡刚上大学那会儿，第一次去看话剧，就是去看郑元畅和张艾嘉的话剧《华丽上班族之生活与生存》，第一次分清了堂厢和楼厢，知道了谢幕环节还可以和演员交流。她兴奋地冲到第一排，眼巴巴地望着"江直树"，原来"直树"这么高啊，张艾嘉也算不上阿姨嘛！

锦城艺术宫内的灯光　摄影／李佳蓓

大学毕业，泡泡又冲着江一燕在锦城艺术宫看了《七月与安生》的成都首场话剧。那时候还没有朋友圈，她发了一条微博：安生让我想起了一个人。虽然现在已想不起那个人到底是谁了，但一个碰巧也去看了的朋友在她微博留言说：我一路哭着回家，没人说话没人陪。似乎，那晚大家回家的情绪都不太好。

锦城艺术宫的一位老员工明明对《七月与安生》这场剧的印象也极其深，因为当时剧里拉道具的车坏在了路上，七月、安生后来有场重要的戏是要在"小山坡"上演，全剧组都紧张惨了，结果"小山坡"还是一直没到，演员就在坐在地上演的这出戏。演完之后演员还特地给观众道了歉。

《暗恋桃花源》在锦城艺术宫上演过各种版本，也是每一场都感动过无数人。有人最爱的是2007年何炅和谢娜的那一版本，场场爆满，据说过道里都坐满了人，前一秒捧腹大笑，后一秒崩溃大哭。

也有人喜欢孙莉和黄磊的版本，一位朋友回忆道："当时和男朋友一起去看，感觉旁边的人在颤抖，一看男朋友被感动哭了。"

小茹长大后的唯一一次和父亲一起看演唱会就是去锦城艺术宫看《邓丽君纪念演唱会》：

"我们全家都很喜欢邓丽君，我爸爸是忠实歌迷了，去台湾花了 5000 多块，全是买的邓丽君的原装碟。那时是十多年前，我可能在上高中或大学吧，和我爸爸坐在楼上靠后一点的位置都看不怎么清楚。我只记得我们都觉得唱得好孬哦，还莫得我唱得好。我爸爸也一直在说：'我蒙到半边嘴巴都比她唱得好。'

"当年两岸三地才开始形成大型纪念邓丽君的气候，搬到内地来就严重'缩水'，那个时候《星光大道》还没选出啥子'小邓丽君'，国内好多会唱邓丽君歌的女歌手都各占山头，以为自己会唱两首会一个转音，就可以自称'小邓丽君'了，我们听了一场下来就很气。"

老王对 14 年前上演的《雷雨》的印象特别深，当时扮演四凤的演员田海蓉临时颈椎病突发，使得首场演出不得不取消。但当时观众已经坐满了，台幕已经拉开，最感人的一幕出现了：濮存昕、潘虹、蔡国庆等主演一字排开，由制片人向观众道歉，说明演出推迟的原因。

接着蔡国庆唱了《同一首歌》给观众表示歉意，台下的观众自觉用掌声为蔡国庆伴奏，濮存昕等又补演一些片段。没想到台下没有人抱怨，几乎没有人提出换票、退票的要求，大家都愿意再等几天。

因为锦城艺术宫，记者胖子和很多艺术家、演员一起烫过火锅、喝过大酒，不亦乐乎。

他说，杨丽萍老师最喜欢喝红酒，几乎每次来锦城艺术宫演出前后，火锅店也罢，川菜馆也罢，都喜欢摇晃着高脚玻璃杯，畅所欲言。

他还记得那次是刘烨和袁泉在成都演出《琥珀》。演出结束后在美领馆附近的一家火锅店，一瓶白酒，刘烨拿出三个啤酒杯，哗哗哗倒满，一口干。最终，豪爽的刘烨也只有在他同事的搀扶下，去了洗手间……袁泉坐在角落，话不多，吃得也不多，象征性喝了点啤酒，就悄然离去。

濮存昕老师，也是好酒之人，贪杯之后，酷爱吟诗作对，喜欢摆龙门阵，尤其是讨论起剧中角色，还不时现场来一段，没有丝毫做派。

"这些文艺名家、大腕演员，都在锦城艺术宫的舞台上留下过璀璨表演，也对成都这座城市流连忘返。"

熟悉锦城艺术宫的田姐说："放眼整个西南，这里真的就是艺术的殿堂啊，四川有名的音乐家、歌唱家、歌手哪个没在这儿演出过？因为声场很好，廖昌永来都不用话筒啊，很多音乐家来都不用电声，直接弹奏。"

宝岛台湾音乐人胡德夫来的那一场也很轰动，开场之前，门口所有人都在互相打招呼，有种全成都的文艺中年都在这个场子的感觉。当时他带领全场观众齐声合唱时掀起高潮，所有人都被他的情绪感染了。

在观众眼里，锦城艺术宫是看剧的、看演唱会的、见明星的，但是在灿姐、光哥、力叔眼中，锦城艺术宫是他们浩浩荡荡的青春。光哥回忆，最早的锦城艺术宫其实是叫锦城剧院，后来才叫"宫"，宫里开会发言都是"宫里的同志们"，宫里的领导都叫"宫领导"。

光哥在 20 岁的时候第一次进入锦城艺术宫，1990 年代初，对于一个初出茅庐的人来说，"锦城艺术宫太神圣了"。当时他是整个锦城艺术宫年龄最小的工作人员，周围的大哥大姐都是平均年纪四十七八岁的老同志，那些年"宫里"的人男的都爱聊股票，女的都爱聊小孩儿，工作单纯又充实。

早上 9 点上班，8 点过小年轻们就会提前到，拖地、擦桌子，抢着把办公室打扫得干干净净。

力叔在锦城艺术宫待了近 30 年，每一盏灯、每一块玻璃都是他的心头肉："当时按照最高标准修的啊，那是 20 世纪 80 年代末，这些茶色的玻璃都是比利时进口的，20 世纪 90 年代初打碎了 8 块儿，后来换成了国产的，2008 年"5·12"汶川地震的时候，后换的这 8 块儿碎了，其他的全部完好无损。还有这些水晶灯，锦城艺术宫刚修起来的时候，很多人专门跑来参观水晶吊灯。这下要拆了，还是舍不得。"

锦城艺术宫的水晶灯熄灭了，谢谢这样一个成都地标，陪我们几代人走过了三十多年。

锦城艺术宫内的水晶灯　摄影／李佳蓓

还有太多人有话想对锦城艺术宫说：

@joe

来成都十年了，作为一个文艺女青年，锦城艺术宫于我是一个很特别的存在。和不同的人、以不同的心情，在这里度过的那些夜晚，至今仍在心中闪闪发光。还记得刚参加工作时，囊中羞涩，也没什么朋友，一个人在锦城艺术宫听李健的音乐会，虽然买的是楼厢的倒数几排，但还是听得很沉醉。

后来有了姐妹，一起热热闹闹地看过《猫》，激动万分地看过《大河之舞》，每次看完演出还要站在宫门口吹半天龙门阵，舍不得走。结婚以后，开始入了科幻坑（入坑恨晚），和先生一起看《三体》，演到高潮处，两个书呆子也禁不住站起来加入全场振臂高呼的人潮，心中又燃又懵。怀孕时，忍住没进电影院，但还是没忍住溜出来看了《最后14堂星期二的课》，和先生一起在宫里掉了一晚上眼泪，思考人生的终极命题。最后一次进宫看演出，也是和先生一起，看的《吉屋出租》，说实话摇滚范儿我们 hold 不太住，入戏不深，只当是接受了一次经典的洗礼。然而，现在都要说再见了。感念成都曾有一个如此美好的地方，陪伴了我们青春中那些闪亮的日子。

@София

我小时候也是每年必到锦城艺术宫参加少儿艺术的比赛。可能除了家乡区政府的舞台外，最熟悉的舞台就是锦城艺术宫的舞台了。虽然这个舞台现在看起来可能不算大，但是对于十几年前那个小小的我来说，每一次队形变换都是要用跑的才能踩到点子。

整整小学六年，每一次来都是头天踩台第二天正式比赛，到了后头，全队的小朋友都已经无比熟悉这个舞台，舞台中央在哪，最边上的人需要站在哪个边界，不用老师多说都可以自己把控了。比赛当天的后台总是无比拥挤，除了参赛的小孩子、指导的老师，还有处处操心的家长。艺术宫进出后台的那个门总是开了又关关了又开。

@Young

2012 年从老家刚来成都，内心有点文艺细胞的我，每次路过天府广场总会被锦城艺术宫门口巨大的演出海报墙所吸引，后来用半个月工资买了两张濮存昕和高亚麟老师的话剧《说客》门票。第一次走进锦城艺术宫，虽然一二楼的硬件环境已显陈旧，但演出开始后剧场里艺术氛围丝毫不受到影响。

2013 年，黄渤、袁泉的话剧《活着》在成都演出，门票被炒翻倍，网上扫票未果，只好演出当天到锦城艺术宫门口守黄牛的打折票，演出开始半小时，票价依然坚挺，最后差点被骗。在剧场外听到里面传出的阵阵掌声，心情很落寞。

2016 年，为了工作和孩子上学，搬到太升路居住，每天路过天府广场还是不忘看几眼海报墙，和旁边新剧场的工地，眼看着新剧场的楼一点点拔高封顶，猜测着哪一天新剧场开馆。

2018 年，摩尔百货歇业，旁边的建筑开始拆除，锦城艺术宫愈显孤单。

@ 大可

2017 年才来成都的我，已经在锦城艺术宫看过了话剧、昆曲、音乐剧和交响乐演奏会。

这里的存包处不存包，只存食品饮料，到目前我一共落下过 3 次买来做第二天早饭的面包。

这里的厕所味道相当带劲，排队还很长，要么开场前解决问题，要么中场休息时跑着去。

这里的二楼视野和音响效果真的不太好，带了望远镜也只能期待自己前面的人稍微矮一点，才能看到，趴在最前面的栏杆上才听得清台词。

但是我在这里留下了笑声，流下过眼泪，还有与小伙伴一起享受现场的美好回忆……

谢谢啦，再见咯。茶色玻璃拆下来，能不能做些纪念品啊？

锦城艺术宫　摄影／李佳蓓

@苹果仓鼠

小学时爸爸带我看《大河之舞》，鞋子踢在木地板上踢踏踢踏踏特别好听。之后小学放了《音乐之声》的电影，恰逢锦城艺术宫有演出，我兴冲冲地和朋友买了人生中第一张音乐剧的票。还记得茶色玻璃和有些昏暗的厕所，每次都要大人陪着或者和同学一起去，不然自己总是会害怕。小姑娘叽叽喳喳去看演出，坐我旁边的朋友在舞台下悄悄塞给我一块蓝莓味3+2饼干。

后来上初中、高中，还记得爸妈让我有空就多去看看话剧、音乐剧，培养自己的艺术细胞。在报纸上看到过《茶馆》《天鹅湖》的演出消息，虽然都兴致勃勃但转眼放下报纸就忘。

现在出国念研究所，半年时间倒是看了不少话剧歌剧音乐剧，但我这个完全不专业的假观赏者，启蒙就是这个现在变成一堆砖块瓦砾、今后只有在照片与记忆中再相见的、伫立在车水马龙中的艺术宫。可惜没能见到你"最后一面"啦，谢谢你，锦城艺术宫。

小酒馆，有血有肉地长了 20 年

XIAOJIUGUAN，YOUXUEYOUROU DE ZHANGLE 20 NIAN

/ 李佳蓓

"走到玉林路的尽头，坐在小酒馆的门口……"赵雷在《歌手》唱完《成都》后，玉林路、小酒馆、唐姐，这些词在朋友圈被刷屏，玉林西路被蜂拥到来"观光"的媒体、文艺青年轧断，然而小酒馆的灵魂唐蕾早已隐身去丽江了。

她最后一次回应说："不想在这个事情上再说啥子了，我只想说不要再提小酒馆，那么个小摊摊儿，装不到那么多人，不要再宣传了。不接受采访就是不想高调，不想被夸张了，那些事情就是我的日常。"

这个不想高调，不想被夸张的女人轻描淡写地说："那些事情，就是我的日常。"她嘴里的日常，浓缩了四川乃至整个中国最牛的艺术家、音乐人最澎湃的青春时光。

1997 年，唐蕾和张晓刚因为周春芽的邀请从重庆搬到成都安家，唐蕾想有个可以睡懒觉的自由工作，张晓刚想有个和艺术家们交流的公共客厅，于是盘下玉林西路 55 号一家转让的酒吧，取名"小酒馆"。

这个不足 70 平方的空间，当时挤满了与中国当代艺术有关的人：栗宪庭、叶永青、王广义、周春芽、何多苓等，在 20 世纪 90 年代还未成名的他们都在这里"鬼混"，小酒馆名字是沈晓彤取的，那只手的 LOGO 是邱黯雄手绘的，设计是刘家琨做的。

那时他们白天画画，天黑收工打伙吃饭，晚上聚在小酒馆消磨时光。

"每天深夜，都有喝大了的艺术家冲着玉林北街的花台撒尿，像小狗一般确认和宣示：这是我们的地盘！"——叶永青在《有 20 年小酒馆的成都，再坏也差不到恶俗去》写道。

20 年前，周春芽、何多苓、唐蕾、张晓刚、赵能智、郭伟、齐鸿常常聚在小酒馆门口。周春芽在微博里回忆："那时没房子住就在张晓刚家客厅打地铺睡。有次买了好几斤便宜的猪肉做红烧肉准备请你们吃，但炖了七八个小时肉都不烂，原来买的是槽头肉，不能吃。"

1998 年 3 月 1 日，小酒馆迎来了第一场正式演出，陈涤（音乐房子创办人）的民谣弹唱专场。终于，小酒馆成了成都的原创乐队的据点，"另外两位同志""声音玩具""阿修罗"开始从这里找到第一批听众。

1999 年夏天，当时最大牌乐队——子曰乐队——来到小酒馆，不足 70 平方米的老店硬挤了近一百人，秋野光着膀子一口气唱了三个小时，弹断了贝斯的弦。

到了 2000 年的新世纪，那一年唐蕾带着 9 个成都乐队去北京巡演，40 多个人，为了省钱坐上最慢的一趟 1364 次火车，去北京举行了 6 场演出。那时住 10 元钱一间的地下室，天天都吃水饺、面或者去"苍蝇馆子"，后来张晓刚发起，朱哲琴加入，请大家吃火锅，火锅店的桌子排得有二三十米长，一个个撑得快不行了。

2002 年小酒馆五周年全国巡演唐蕾和声音玩具乐队在武汉开往南京的船上合影　摄影／蔡鸣

演出中，窦唯、张扬、朱哲琴、张晓刚、子曰乐队都来捧场，后来制作的一张 VCD《2000 地下成都北京现场》在圈内引起了轰动。

2001 年参加选秀之前的苟伟曾在小酒馆玉林店演出，当时他的乐队名字叫"缺口"。

2002 年，小酒馆 5 周年巡演，唐蕾组织乐队从成都出发，重庆、武汉、南京、上海、北京、西安走了 6 个城市，"声音与玩具"乐队就是从此而出名的。那些年摇滚都被称为"穷摇"，走南闯北，都靠一股劲儿，行李太多，唐蕾就在重庆火车站找了个棒棒儿挑。

在武汉行驶往南京的船上，大家靠在栏杆上眺望着不远的远方。晚餐时常在船上解决。

2004 年 9 月小酒馆玉林店演出现场观众　摄影／蔡鸣

那一年，张楚到成都，也要到"唐蕾家的客厅"喝一杯。

2003 年，唐蕾经常开着一辆北京吉普为乐队东奔西走。

2004 年 9 月，越来越多热爱摇滚的人到小酒馆"朝圣"，热浪里是赤膊上阵摇摆的人们。摇摆过似乎才有活着的感觉，跳累了就到外面喘口气，抽根烟。

2005 年 11 月 26 日，海龟先生乐队到西南巡演，这支由广西人组成的乐队因为热爱成都的音乐氛围，2007 年 8 月直接移居成都发展。2012 年乐队签约摩登天空，发行同名专辑《海龟先生》。

2005 年小酒馆 8 周年纪念演出，在某房地产的清水房里举行。

2006 年 12 月三圣乡荷塘月色"永远年轻"成都新年摇滚音乐会演出现场，那场演出来了两三千人，二十多支乐队从当天下午 3 点唱到第二天上午 11 点，现场的人都是跟着嗨了一个通宵，听累了就睡，睡醒了又听。

2007 年阿修罗乐队 9 周年小酒馆生日演出，场子里满扎扎的人，那一年，赵雷开始穿行中国川藏、云南地区，行走的路途中赵雷和朋友们从拉萨出发第一次来成都，还在小酒馆的玉林店当过几天吧员。那时候他写的《开往北京的火车》《咬春》等作品都不火，也没有写出《成都》。

2007 年小酒馆 10 周年庆，易丹、周春芽、张晓刚、唐蕾、翁菱回到小酒馆。两年后，51 岁的画家张晓刚凭借 3.01 亿元的所有画作拍卖总成交额，坐上了中国艺术家市场价值排行的头把交椅，被称为最"贵"艺术家。

2008 年，当时不太出名的李志和郁可唯都在小酒馆演出过。

李志在成都工作生活了两年，从 2007 年到 2009 年他就住在玉林一带，偶尔会到小酒馆。

小酒馆负责人之一蔡鸣说：好多次下午下班时间，我都在一环路电脑城外面碰到骑自行车回家的李志，戴着耳机非常陶醉，默默地骑着自行车，就跟一般大学生没什么不同。他不常出现，很低调憨厚。他参加过好几次小酒馆的民谣联合演出，还帮其他的民谣歌手弹吉他玩音乐，不想当明星。

郁可唯当时还没有参加《快乐女声》，她带着自己的 COCO 乐队在小酒馆演出。

周云蓬也在小酒馆芳沁店弹过吉他唱过歌，正好是绿妖和他恋爱的那一年。

2009 年是低苦艾乐队做摇滚的第 6 年，他们到芳沁店演出时还没有写出《兰州兰州》。

这一年小酒馆组织马赛克、海龟先生、热超波、两支手枪等新生乐队再一次进行成都乐队集体全国巡演，随后一两年里秘密行动、海朋森、猴子军团、中央车站等年轻乐队也迅速成长起来。

2010 年，逃跑计划到小酒馆芳沁店表演，那一年《夜空中最亮的星》还没火。

2011 年，《永远年轻》新年音乐会做到第 6 年了，海龟先生在宽窄巷子演出时，反响热烈人山人海，围了好几圈。

2012 年，小酒馆 15 周年，易丹、郭彦、唐雯、刘家琨、张骏等艺术家回到了小酒馆，挤在灰色的沙发上，回忆过往。9 月 29 日何多苓在小酒馆献唱《红河谷》。

2000 年子曰乐队主唱秋野在小酒馆玉林店演出现场　摄影／蔡鸣

2015 年 3 月 22 日，陈粒《如也》巡演，在小酒馆唱《奇妙能力歌》。

2017 年 1 月 1 日，唐蕾在"2016MIDI AWARDS 第八届中国摇滚迷笛奖颁奖礼"上为成都小酒馆拿到了"中国摇滚贡献奖"。

2019 年，有位姑娘在抖音上发"一来到成都，司机师傅就把我拉到这里"，她站在小酒馆的对面录下了对面排队的场景，获得了 1 万点赞。

从赵雷唱过《成都》之后，小酒馆依然还是小酒馆，只是多了许多看客。人们怀念的还是记忆中的小酒馆，那时候成都的文艺青年只有十几二十岁，大家挤在十几平的屋子里一起挥汗如雨，身体里总有一股子使不完的劲儿。累了就趴在吧台上，要一瓶啤酒分着喝，唐姐总是站在吧台后面笑盈盈地看着大家。一位朋友说，最感动的是有次喝多了，趴在吧台上睡了，当时管店的丽姐悄悄地把啤酒换成温水。

那时在音乐中消耗完体力，没钱就整碗华兴煎蛋面，有钱了就集体去"操"飘香火锅，把绿叶啤酒喝得咣当咣当的。

小酒馆 20 多年了，每个周末，有多少热爱音乐的人们都把青春挥霍在这里，留下了欢笑、尖叫、伤心、疯狂。20 年里，成都小酒馆从一个艺术家的乌托邦，变成提供演出机会的场所，再成为成都原创摇滚大本营，代表着"地下成都"的历史，她的历史还在继续……

正如叶永青在《有 20 年小酒馆的成都，再坏也差不到恶俗去》写的那样：

成都灰蒙蒙的天空下，只有小酒馆的灯光一直亮着。

随着消逝的时光，

我们的生命也不可救药地消失了一半，

人们早已经开始一段跟过去的生活不尽相同的新生活，

每个人都在世纪中流……

毫不容情的命运，

将我们从小酒馆尝到成功与失败中抛出，投入世间，

90 年代时代的晚上，

仍然是一个无人认领的时代，

像风一样漂泊不定，像风一样飘散无影。

● 厂子弟的青春，藏在灯光球场和喇叭裤里

CHANGZIDI DE QINGCHUN，
CANGZAI DENGGUANG QIUCHANG HE LABAKU LI

/ 李佳蓓

在四川有很多地方没有具体的名字，他们以数字作为代号，成都有 402、82 号信箱，成都周边有 401、603、132、525，在成都以外的资阳有 431，广元有 109……

这些数字，代表着一个个封闭的、独立的、麻雀虽小五脏俱全的小社会。

小社会里的人在 20 世纪 60 年代，带着"献完青春献终身，献完终身献子孙"的信念，从遥远的上海、北京、沈阳等大城市拖家带口地来到他们陌生的小城镇，他们在这里结婚、生子，他们的后代都贴有一块共同的烙印，被称为"厂子弟"。

这些带着京片子、吴侬软语或东北大碴子味儿的人们，曾经带着"优越感"在这里度过了人生中最沸腾的、最火热的、最漫长的 10 年、20 年甚至后半辈子……

这里的很多人以为人的一辈子，吃喝拉撒、生老病死都可以在厂里度过。

清晨 6 点，厂里的人是在无处不在的大喇叭声中苏醒的，伴随着中央人民广播电台的新闻或者是《三大纪律八项注意》的乐曲开始起床吃早饭。喇叭就是一个公用闹铃，每天要重复三遍，早上、中午、晚上。广播一响，如果《歌唱祖国》都唱到"歌唱我们亲爱的祖国……"了，就知道上学要迟到了。

下午喇叭一响就是告诉你，快回家，爸妈要下班了！小伙伴们就会疯一样往家跑。那时候，结婚也要在厂里的喇叭里公告天下，才算合法有效。

早上的广播播完后，大人们开始骑着 28 自行车奔向车间。那时爸妈们每天上班前淘好米，装在铝饭盒里用彩色的网兜套上，再挂在龙头上带到单位去蒸饭。每个小朋友胸口都挂着把家门钥匙，放学以后就自己回家。

那个时候食堂是一个很美味的地方，不用花钱只用饭票。如果是从北方迁过来的厂都有面食师傅，包子馒头都特大特香，还有高级的五彩馒头，课间操饿了就去食堂吃个肉饼。

条件好的厂有冻库，夏天可以抱着家里的暖瓶去打厂里的冰水、冰棍，"525 厂"的子弟回忆，"525 厂"的冰棍最好吃，"739 厂"的汽水最好喝。"525 厂"的冰棍好吃到后来峨眉卖冰棍的自行车箱子上都会写"525"三个字。

厂里偶尔还能家家户户吃带鱼、吃西瓜。吃带鱼的时候整个厂区都飘荡着带鱼味儿，每家每户的味道都不一样。

灯光球场　摄影／齐飞翔

在厂里，每个小孩儿都吃百家菜长大，谁家做了好吃的，都要和邻居分享。

多年过去，东方电机厂的岚都忘不掉邻居家的粽子："以前我们隔壁的阿姨是从上海迁来的东工厂的，简直精细、洋气得不行，就说吃粽子吧，每次她做粽子都会给我家送，重点是蘸粽子的白砂糖被她磨成如盐般的糖粉，吃得那叫一个精致。"

到了过年更是满厂的香味儿和年味儿。家家户户都自己炒花生瓜子，自己推汤圆粉子，煮五香瓜子。

这个封闭的小社会里，圈子很简单，医院的医生是同学的爸爸，学校的老师是邻居的妈妈，这里除了火葬场没有，食堂、澡堂、游泳池、电影院、医院、学校、灯光球场等应有尽有。

有很多三线的子弟，都是从父母厂里的职工医院里出来的，接生的、打针输液的医生护士都是平时邻里的这个叔叔那个阿姨。那会儿厂里有哺乳室，小婴儿们就在哺乳室等妈妈两小时喂一次。时辰一到，穿着蓝色工作服还戴着袖套的妈妈们就小跑着奔向哺乳室。

虽然厂医院接生了很多三线子弟二代、三代，但有些山里的工厂也条件有限，也出现过一根小鱼刺就要了一条人命的事儿。

无论在四川、贵州还是甘肃、宁夏，所有的三线工厂，都有一个共同点，就是没有秘密。

公共厕所、澡堂、游泳池成了八卦的阵地，谁家吵架了、写情书了、谈恋爱了……第二天全厂都会知道。

成都某厂子弟艾然想起一个小细节，让她记忆犹新，记得那时厂里元旦春节要在宿舍区搞游园、猜灯谜，有个同学的爸爸上台表演了一首济公的《鞋儿破帽儿破》，滑稽"膝"了，结果，这个同学在班上很长一段时间抬不起头。

在另一位厂子弟的记忆中，八卦就像一种神秘的仪式：

大院子里面，女家属闲来无事就在一字通道里织毛衣，有谁把坐直的上身往前一倾，像发出一颗信号弹，其他的阿姨们就抬着自己的小独凳，紧赶慢赶几步，凑成一堆，像一种神秘的仪式——翻是非的时间到了！

烫着流行大波浪，穿着果酱黄阴丹布衣服的阿姨说："局办新来的那个姑娘，怕是睡上去的哦，一副目中无人的死样子……"
"哦哟，可不是嘛，你看那个长裙子狐媚的样子！"
"不要脸！"
"就是！太不要脸了！"

"109 信箱"的璐璐传过别人的秘密，自己也被当成秘密传过：我们班有个女生从小长得很漂亮，有好多男生喜欢她，但可能他们胆子小，不敢写情书，某男生在男厕所里的墙上写：某莉，我爱你！我们那时候家里没有卫生间，都是上公共厕所的，所以，很快大家都知道这个事了。后来很多年之后，班里有个男生，把这位女生娶回家了，于是案子破了，原来那句告白就是他写的。

璐璐小时候爱生病，有一次白血球非常低住院，好了之后去上学，同学说："听说你住院了，听说你是吃了圆珠笔的笔芯才住院的。"当时觉得气死了。

厂里的人敏感到什么程度？

璐璐说起来又气又笑：有一次跟一个女生好朋友去厂里的后山散步，这个女朋友有一米七多，手挽手地去散完步回来，第二天就有传言传到璐璐妈耳朵里，说："你女儿谈恋爱了，还在厂里遛弯儿。"

结果一回忆，是璐璐的好朋友，怪她个子高，那天又穿了一件牛仔服，长头发没有放出来压在了牛仔服里，远远看过去就是短头发，结果谣言就说璐璐谈恋爱了。

所以在厂区，但凡你有那个意思，大家都会盯着，你头一天要是做了什么，第二天全厂就知道了。

那时的娱乐项目少之又少，看个电影大家就很满足了。每次看电影，当电影里出现坏人横行霸道解放军来救时，全场的人都会一起拍巴掌，感动得要命。

而且一部电影放很多遍，每一次都去看，《地道战》的台词好多小孩儿都能背下来。每次大家悄无声息地等着最精彩的一点，如果有个人提前接了一句电影里马上要放的那台词，比放电影的声音还大，必定全场哗然。

除了看电影觉得很幸福，偶尔来一个草台班子也让人兴奋，在灯光球场举行个歌咏比赛也兴奋，那之后只要是大型娱乐活动都是万人空巷，全厂都要去看。

废弃的旧厂房　摄影／杨馨

到了周末工会组织舞会，操哥操姐都会去，烫着卷发、戴着蛤蟆镜、穿着可以扫地的喇叭裤，喇叭裤还要配甩尖子皮鞋，皮鞋底下要钉满铁钉子，走路要噔噔噔响才过瘾，跳着 36 步、16 步觉得自己时髦得不得了。

刚开始流行喇叭裤时都要从北京上海带的。109 信箱的璐璐第一次穿喇叭裤是上小学二三年级时，那天刚从上海带的喇叭裤，高兴惨了马上穿上，结果出门就摔了两个洞，晚上回去妈妈给补上，第二天全班都在议论，说她故意给裤子弄了两个洞，她气惨了。

还有一位"厂三代"，说到喇叭裤就会想到自己的小舅舅："那时候妈妈不知道帮我小舅舅缝补了多少条喇叭裤了。外公总是亲切地称呼它为'笤帚裤'。

每次只要小舅舅从舞场扛着录音机，摇摆着身体，哼唱着'小妹妹不要不要哭泣'回到家时，外公就会握着剪刀，再盯着小舅舅的裤腿，就是一下。小舅舅呢，会臭美地正一下蛤蟆镜，在外公面前继续哼着调儿，摇起来。转身，外公就追着小舅舅满房院地扔鞋跑。某天，又流行走起路叮铃咣当的皮鞋了。小舅舅就托在海南倒腾外贸商品的朋友，给他寄来一双。他呢，当然是在他那帮舞友面前，跟着音乐，在灯光下，穿着那自带音效的皮鞋，在舞友面前好好摇摆了一番。一时之间，成为我外婆家那边有名的'舞场小王子'。"

到了后面舞会已经弱了，更洋气的人会去跳迪斯科，迪斯科跳得好的都是厂里叫得上名的"阿飞"。630厂的冯朔记得当时厂里有个阿飞，他有一个敢于在半透明的的确凉外衣里直接穿内衣的女朋友。

能想象在相对保守的 20 世纪 80 年代，多数人绝对是报以口中之厌弃，而内心实则是仰慕的态度。阿飞的坐骑是一辆雅马哈 125 摩托，那在当时是不得了的。阿飞载着衣着性感的女子超籍田、超双流……直到在一次打斗中负伤，落下残疾。

这些都是高级的娱乐项目，平时的娱乐项目更接地气一些，去揪隔壁农民家果园的果子，钓泥鳅、黄鳝，被农民和狗撵得鸡飞狗跳。长大一点儿了，周末扒大卡车到城里的街上吃米凉面、松针包子，把几个月攒的钱拿去挥霍，买那些令人羡慕的服装、用品，回厂里炫耀一番。

那时的人真是很容易满足……

那时候大家没有家国的概念，以为厂就是整个世界，小学六一表彰大会，颁发奖状的不是校长而是厂长，厂长才是最大的。

那时候也没有就业和升学的压力，有厂在厂就是后盾，高考考不上，还有委培，大不了上个电大、夜大或者技校，最后都有工作。

那时候也没有房贷，职工都可以分房，单身的有单身宿舍，外来的大学生还有"熊猫楼"住，婚后根据工龄、党龄、子女年龄、职务之类分配不同档次的住房，都有房子住。后来每个家属区还有一栋"独生子女楼"，住的都是独生子女，住那栋楼的人都自豪骄傲得不行。

后来，在街上的女人们还在被蜂窝煤呛得咳嗽的时候，厂里大大小小的家庭都早已经用上了天然气；当住在平房里的孩子还得半夜用尿桶的时候，厂里的孩子已经过上了家家户户有独立卫生间的日子。这些都是"厂子弟"才独有的优越感，如果家里父母都是双职工，那比单职工就还要更优越。

在那个封闭的小环境里长大的人，从小就知根知底，很多更是一起经历幼儿园、小学、初中、高中，比亲兄弟还亲。那种小世界里的情怀和纯真，是外面世界的孩子很难体会的。

在岁月的洪流中，在国家宏观调控的巨浪下，这个曾经火红的小世界日益破败萧条。曾经的厂医院、厂学校换下了"子弟"这个牌子，合并到了地方，从此成了子弟们脑海中的一个地名。

那些曾经充满油味整日轰鸣的厂房变得杳无人声，虽然厂房外的标语依然激昂，电桩上的喇叭依然还在，但楼空了，人走了，时间像被冻结了。

在成都，曾经的抽象数字 77、106、107、69、82、94……早已变成房地产商嘴里的开发地段的名字了。曾经的"77 信箱"又称"新都机械厂""420 厂""成发集团"，多年前加上家属有 10 万人生活在双桥子附近，现在除了数千人搬到新都以外，大多都分散在成都各个角落了。

曾经的厂职工医院换了牌子变成了新华医院，子弟校成了双林小学，成发集团的老厂门也换上了"华润"的招牌。

"249 信箱"（65 厂，成都无缝钢管厂，当时是亚洲最大的无缝钢管厂）厂址搬迁到青白江后，听着炼钢炉轰轰的声音长大的厂子弟，再也听不见轧钢机的轰鸣声和看不见那四根高耸的有标志性的大烟囱了。

除了"132 厂"还坚挺在黄田坝以外，大部分集中在东门的老厂都换了名字，慢慢地在城市中沉默。

"82 信箱"（宏明无线电器材厂，"715 厂"）现在那一片已被人称为 SM 广场。"106 信箱"（红光电子管厂，"773 厂"）现在已变为东郊记忆。

还有，建设路附近的"107 信箱"（锦江电机厂，"784 厂"）、"69 信箱"（新兴仪器厂，"719 厂"）都慢慢地在城市进程中被模糊，成了"厂子弟"们口中的往事。🔲

2019 年拆迁中的旧厂房　摄影／齐飞翔

● 再见，一环路

/ 康筱韵

成都一直在发胖，胖到早已经撑破了一环、二环、三环，连绕城高速都大有装不下它之势。

成都土著郭特从小就住在一环路边，在她遥远又模糊的记忆中，一环路，就是城市与郊区的分界点：出了一环路就是农田，世界的尽头是动物园。很多小朋友都有和"世界尽头"的合影。

现在，一环路依然就在郭特家门前，穿过一条小街就能到达，她每天依然在这条路上来来回回，但似乎很少为了它停留。因为它永远在修。

一环路的半空中和地底下多出了无数条跨线桥和下穿隧道，我们从那些曾经重要过的地标的头上和脚下飞快通过，然后去市中心逛街，去二环外吃晚饭，回到三环边的家。

一环路明明依然很重要，但似乎已经成了只是用来"经过"的地方，而曾经关于一环路的记忆，正在消失……

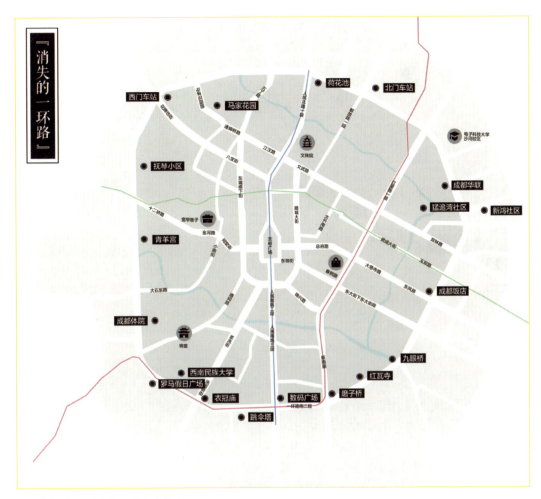

一环路的"记忆坐标" 制图／郭映

郭特歪着头想了想，按照官方的说法，一环路，全长 19.38 公里，用她日常 40 公里／小时的时速，不考虑红绿灯，开车绕一圈大概要半个小时；有朋友徒步走过一环，快的不到 4 小时，慢的 6 个小时；不过最方便的方式是坐公交，27 路逆时针，34 路顺时针，晃晃悠悠，大概一个多小时可以回到起点。

但要花多久才能把这些关于一环路的记忆找回来呢，她眯着眼睛开始数：

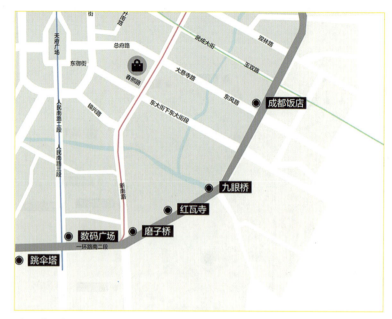

制图／郭映

从她家门口的一环路出发，向西逆时针绕圈，首先会经过九眼桥——这个即使到今天也还是夜夜笙歌的地方，好像只有这里从来没有从一环的记忆里消失过。

若干年前，她记忆最深刻的是当娇子小学还在九眼桥北桥头时，由于那块地很小，所有小学生都在楼顶做操，每个经过九眼桥的人都能一眼瞥见。不久后小学扩建了操场，后来又直接搬进了宏济路，小朋友在"天上"做操的景象才再也没有过。

往西一点点就是红瓦寺，川大"小北门"不仅是川大人的记忆，也是他们12中人的记忆，在还没有那么多美食营销号鼓吹小北门美食时，这里的小店游摊就已经是他们的食堂了。

尤其是从 8 元 / 人吃到 18 元 / 人的荤豆花，小北门坡上的天鹅蛋和共和路口好吃到哭泣的蛋烘糕。吃完，一群人再去学府歌城 K 个歌，或者花 10 多块去学府影城看个深夜场，才算过了个完整的周末。

隔壁的磨子桥最为繁华热闹，向东有一到夏天就挤满看荷花的大爷大妈的川大北门，向南是餐饮扎堆的科华北路，而那时候，几乎全成都的电脑都是从这里的百脑汇和隔壁的 A 世界数码广场搬回家的。

但郭特最常去的还是数码广场隔壁、东华电脑城旁那一排排卖光碟的小店。钻进熟识的那间店，端个小板凳，在一箱箱海量的盗版碟里翻找自己喜欢的片子。

不时还能听到旁边鬼鬼祟祟的小贩对着经过的学生模样男青年小小声地叫卖着："哎，眼镜儿，要不要生活片？……"

旁边的跳伞塔若是倒回去个 20 年，随时被球迷包围的技院绝对会首先占领父辈的记忆高地。

但郭特说她还小，对球类竞技也不感兴趣，所以印象最深的是花园影城。虽然谈不上喜欢，但是习惯了它一直都在那儿，从小到大，16 年。加上便宜、有包间和通宵场，不知道承包了多少学生和小情侣的青春时光。

而隔壁卡卡都则承包了不少"70 后""80 后"的躁动夜晚，2000 年前后，不来这里打个卡就不算是会耍的年轻人。

跨过衣冠庙，会经过西南民族大学，当年还叫"民院"，最著名的事件是多年前曾和一街之外的成都体院约架，留下了最火爆的街头打斗传说：一帮足球系和田径系的体院学生，与天不怕地不怕的民院学生混战，不分胜负。

直到一群微胖没脖子的体院学生鱼贯而出，对方立刻落荒而逃。这条街的都知道，公认战斗力爆表的是体院重竞技系——散打、柔道、摔跤、举重。

高升桥旁的罗马假日广场现在已经有点残破不堪，但却是十多年前中学生心目中的洋盘地，因为那有第一家吃饭还要脱鞋子的韩国料理汉城轩。准确来说，其实只有一楼需要脱鞋，二楼不用，但是大家都特别想要脱鞋，赖在一楼不走——因为洋气。

不过洋气是要付出代价的，运气不好时你不得不就着些许脚臭味进餐，但好在脑袋里面贪图新鲜的气味更浓，总是取得压倒性胜利，所以这间小店红了好久好久。

再往西，穿越菊乐路口、大石路口，再跨过百花潭桥，就是青羊宫。

我关于青羊宫的记忆还停留在小时候跟着外婆来吃斋，一老一小都不用给门票，进门直奔有肉味的土豆伪装的假回锅肉，一边吃一边评价："嗯，这个吃起是像肉，那个豆腐做的也像……"吃的是斋，但心里想的全是肉，后来大概外婆也觉得吃假肉不如吃真肉，去了两次后就再也没带我去过了。

现在该往北走了。过了省医院，就已经脱离了郭特的日常活动范围，但她却曾为了这里的抚琴、白果林片区美食，乐此不疲地穿城前往。尤其是抚琴小区，在那些年像是汇集了成都最好吃的烧烤。

第一次在何师烧烤吃到烤五花肉觉得简直惊艳，随后它就收不到风地在全城都落下了分店，"第一家资格烤羊肉串"到了夏天总是人山人海，"抚琴第一烤"虽然已经找不回当年的味道了，却依然留下了美好的回忆！

当时跟抚琴小区不相上下的还有青羊小区，串串香、烧烤、冰粉儿、让小区变得极其热闹，现在的西区医院以外的地方在那时候还全是田坝，夏天还会淹水，裤脚要挽起来才能过。

青羊夜市在世纪之交的时候，是最红火的时候，也是在西边读书娃娃们最喜欢逛的地方。旅游职中、财贸职中的穿起校服在那儿耍朋友的小情侣非常多，那里就是约会的圣地。

在夜市上，男娃儿的阔脚裤，女娃子的缠丝兔紧身裤是所有商贩的主打。还有好多女学生的耳洞，第一次也是在那儿穿的。

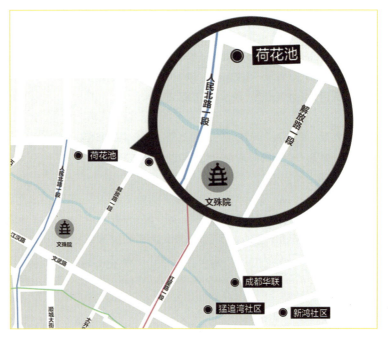

制图 / 郭映

离青羊小区不远的西门车站，郭特说她对这儿没有什么特别情感，甚至不知道西门车站从哪一年就搬走了，只记得有一趟专跑一环路的 11 路车。但对家住犀浦的朋友蓬蓬来说，西门车站在他的童年里可相当重要。

要从犀浦进成都城，必须赶当时仅有的一路车——221 路——先到西门车站。那是最古老的大公交，车票只要 1 元，没有空调，嘎吱作响，异常拥挤。

但红光、犀浦以及沿路的人们都视它为生命线，乘它踏上西门车站，再从西门车站继续换乘、四散到成都的各个林林角角。

住在抚琴的小茹说，高中时候她每个周末都会去西门车站附近那家"望子成龙"补习数学，去对面"戴氏"补习英语，下课了坐上 7 路车去西大街的新世界广场和同学看个电影、唱个歌，再去对面那条街吃个烤肉，那一年自助烤肉才 27 元一个人。

从西门车站再向北走不到 10 分钟，从马家花园开始，几乎所有的记忆都是关于铁路的，因为这里密布铁路部门，曾经一度被称作"铁半城"，一直到过了人民北路才算走出"铁半城"的区域。

然后，就进入了荷花池的势力范围。一直说要搬但一直都没有搬的荷花池，大概再过十年也无法彻底搬完。

已经热闹了 30 年的市场要搬家，可不是只要把行李打包就能轻松迁移的。荷花池从来没有衰落过，直到今天，只要你从一环的北站东一路路口拐进去，走过万达的区域，迎面而来的依然是人声鼎沸、热火朝天。

往东继续走，会依次经过依然吼着"自贡自贡"的北门车站，以及曾经和新鸿路、太升路合称"新马泰"的马鞍路……然后，终于来到吃货和科大学子齐聚头的建设路片区。这里有成都第一间华联，也是东门（当年还习惯称为"东郊"）方向第一个商场体。这个不用"进城"就能逛的商场，自然就成了当年东门老成都周末的必逛项目。

大人在货架间翻来翻去，娃娃在衣服间拱来拱去，要是逛完出来能再去隔壁的建设路的沙河电影院看上一部大片，这个周末就算是洋盘完了。

一环的圆圈即将闭合。从东北继续往南走，道路两边是当年最早的那几批小区：猛追湾社区、新鸿社区、菽香里社区……在这之前，全成都除了玉林哪有什么"小区"的概念？所以，当郭特还在念小学时，只要听说有同学家住在这儿，就觉得十分洋盘。

而在水碾路口，犹记得那是一环路刚落成时，有一座全成都家喻户晓的雕塑叫"建设者"。这一站一坐两个工人形象的雕塑，站在据说象征着"未来"的圆圈上，表达了设计者对工人阶级的赞扬和美好祝愿。

结果他失算了，这座雕像后来竟然以"等于零"的绰号永远留在了成都人的记忆中，成了指路的标志性地标。

而一旁的成都饭店，则是 20 世纪八九十年代成都最现代的星级宾馆。恒温游泳池、室内高尔夫球道都是从这里开始进入到成都人民的生活中来的。

到成都饭店吃上一顿饭，不仅会成为人们的谈资，还被看成一种身份的象征。后来，街心花园不存在了，雕塑被移走，水碾河路口面目全非……再后来，一环路开始不停地修，成都一度成为"不能左拐"的城市。

从一环沙湾路立交一直到衣冠庙立交，几乎该架桥的地方都架了，横跨人民南路的下穿隧道也在一片欢欣鼓舞中通车。

20 年前，当时在衣冠庙往外走一点点就是农田。住在衣冠庙的顽皮男孩们会没事从家里偷点香肠跑到农田去烤了吃，回家等着被一顿骂，或者去池塘逮青蛙、蝌蚪。

我以前总会从高升桥陪着外婆到衣冠庙附近买菜，头顶茂盛的树枝为我们撑开一把把天然的大伞，即便在夏天里沿着一环南四段慢慢踱步也不曾觉得过分炎热。

从那个时候一直到高架桥落成，仿佛也没过几年，这里发生了翻天覆地的变化：

高架落成，地铁站投入使用，"绿色大伞"被搬走，替换成了大车一过就瑟瑟发抖的一排排小树，外婆家也和大部分老居民一样，从嘈杂的一环老小区搬进三环边安静宽敞的商品房。北门车站前的吆喝声虽不绝，但逐渐被地铁、高铁和动车的声音掩盖，而曾经环绕着一环的高校：川大、民大、体院、川音、电大和科大，都带着学子们的青春荷尔蒙一起外迁到了三环之外，只有其中几所像蜕了茧的蝶，把老校区留在了原地……

一环从重要的"居住区域"变成了一个"路过多余停驻"的空间。一环很好，一环越来越方便，一环路上的地标，在越来越快的城市交通中懂事地后退到记忆的角落。

好在一环边老小区依然在顽强地二次生长，慢慢成了"鬼饮食"的聚集地。这些鬼饮食，总会在你想要穿过一环回到二三环的家时，把你一把拦住，拉进其中的某条小巷，让你回到记忆中的老地方，重新停下来，用吃重建属于一环的新记忆。🔢

2019 年的新中兴入口　摄影 / 康筱韵

逛泰华和新中兴，是那二年辰
成都妹儿成长的必经过程

GUANGTAIHUA HE XINZHONGXING, SHI NAERNIANSHEN（方言读音）
CHENGDU MEIER CHENGZHANG DE BIJING GUOCHENG

/ 康筱韵

"如果明天就是世界末日，我决定今天先去逛逛泰华新中兴，顺便买盒寿司吃个钵钵鸡。"——10 年前，15 岁的成都人郭特这样想。

多年以前，九龙、泰华、新中兴，有人曾说三者的关系大概就是：新中兴的衣服是从泰华里筛过一道的，而泰华的衣服则是从九龙里面筛过一道的，也就是：新中兴洋气于泰华，泰华洋气于九龙。

九龙，本来就是一个类似荷花池的服装批发市场，加上多年前就早已被婆婆孃孃们攻占，本文既然说的是"80 后"的青葱岁月，就暂且略过它不说。

但是逛泰华和新中兴，则是每一个成都妹儿成长必经的过程。在这里，有一种时尚叫"洋气"，有一种陈列叫"打版"，有一种畅销叫"爆款"，每一个来这逛的女性，都叫"美女"，或者"乖乖"。

泰华比新中兴开得早一些，5层楼的庞大商业广场定位依然是服装批发市场，但不知道是不是沾了春熙路的洋气基因，在很长一段时间里，它都是成都众多服装批发市场中，最好看的那间。

因为是批发市场，泰华里的小店们就像一个个小格子密密麻麻地挤在一堆，三五个平方就是一家店，不能试穿，空气浑浊，凡路过的地方必留下"乖乖，里面来看嘛……都是爆款……"的尖锐回声。

以至于在很长一段时间里，一听到别人叫自己美女、乖乖，都忍不住想问"姐姐你以前是不是在泰华卖过衣服"。但对于十几年前在成都读大学的女生来说，逛泰华三个字几乎是一个"成人礼"。

她们刚刚脱离父母脱离老家，来到成都读大学，有了属于自己的生活费，可以自行划拨分配，可以自己逛街买衣服，按照自己的喜好和当下的流行来打扮自己，那种心情真的很棒，便宜又时髦的泰华，就是最好的选择。

于是，每一个女生的记忆里都有那么一天——天还没亮就被同寝室的拖下床，闭着眼睛一边刷牙一边思考穿什么裙子什么鞋，然后一起坐上公交车，摇摇晃晃摇到东大街，再一头扎进喧闹的泰华早市。

然后就是小山一样的人群、热气、声浪、衣服。眼花啊，心动啊，互相取笑啊，在身上比画啊，犹豫不决啊，最终下定决心的美妙啊……最后背着一条小裙子、一双花袜子挤出来，接着就是烤肠啊奶茶啊串串啊……又困又累又兴奋。

最早的泰华逛街要赶早，凌晨四五点开始，好多老板卖了早上中午就关了。如果是零售，人家不得理你。只有说来捡货的，看回去好不好卖。

这是高中就开始的时尚谎言，带个黑色垃圾口袋，装批发客。只有逛过了泰华的早市，才会彻底变成一个社会认可的成年女性。爱美，自主，人海中历练，友谊里升华。

这些少女，也都在泰华或新中兴学到了人生的第一个大道理：不买的衣服"表"（不要）问价，更不要讲价。因为她们都在泰华（或新中兴或九龙）见识过砍了价不买的买家，是如何被浓妆艳抹、说话速度极快、脏话词汇量大到惊人的店主从头顶骂到脚底板，顺带问候别人一整本户口本的场景。

那骂功简直惊天地泣鬼神，我佩服至极，不止一次好奇她们到底是在哪儿学的骂功，是不是一起受过集体专业培训的哟！比如"啥子喃？50？你去买'摇裤'嘛！""30块钱？你买个扣子嘛！"还有更弯酸的："啥子喃？20块还嫌贵，你去文殊坊花一块钱买份报纸，前头后头都遮完！"

我曾见识过买家都走到一楼了，二楼那位卖家还依然守着电梯口骂骂咧咧，罢了还向隔壁兴冲冲看好戏的其他卖家炫耀说："就算我没卖东西，至少我羞辱到她了噻！"眉飞色舞，得意扬扬。

但即使怀抱着这样的战战兢兢，我和万千成都少女，以及成都周边少女，依然会捏紧包包，如朝拜一般，隔一周，就想来逛一逛。

所以，在泰华人气最旺的那几年，一二楼的电梯常常会被压停机。

因为在没有网购的时代，这里的"××潮流""××衣橱"，就是今天淘宝上的"雪梨家""张大奕"……走在了时尚尖尖还很便宜，没钱的中学生、大学生们，从生活费里抠个一百来块钱，就能在这儿整个一身新，哪怕质量只能穿一季，也买得开开心心。

那时在泰华买了衣服，第一件事就是找个卫生间试衣服，卫生间里试衣服的人比上厕所的人还多！

泰华的"潜规则"大家都懂的，楼层越高，店铺越高级，货也越好，当然价格也越贵，还不好讲价。至于一二楼嘛，直接往喊价的1/3处砍，老板实在不干了再慢慢加，所以在泰华楼下砍价简直是一件斗智斗勇的事情。曾有朋友一个寝室3个人不约而同地在泰华买了同款式的爆款裤子，价格分别是35元、50元、70元……

在泰华砍价喊"50嘛"，老板马上答应"要得嘛"，就晓得遭了，喊高了。必须要假巴意思走出店，老板喊"美女来嘛来嘛，你太会讲价了，亏本卖给你，下次要多给我带点生意来哈"，才算没有买贵。

一二楼逛久了，慢慢地，消费升级了就会到三四楼买。一旦在楼上买过衣服，立马就会觉得自己和在楼下买衣服的点都不一样，整个人生都得到了升华。

在商人们都还比较"单纯"的十多年前，的确是能在泰华楼上的"外贸店"买到不少好货的。

有一家叫"挂在嘴边上"，卖的是当年很流行的哈日风格，我的一位姐姐在她家买过很多，有的衣服现在都在穿，质量也很好，直到今天都不觉得孬。还有一间叫"MEIMEI"的店也很有名，在泰华蓄力了多年之后，现在已经在太古里开起了高端的品牌集合店。

从泰华跳到太古里这种事情感觉今天已经无法想象了，所以当年的泰华楼上的名店们，也是很厉害。

2019 年的新中兴内部　摄影／康筱韵

不久后，就有了新中兴。这里依然环境不太好：夏天很热、冬天很闷，东西很杂、人也很多，叫卖声太大、小偷还不少……每次逛都赌咒发誓，说以后要摆脱这个鬼地方，挣钱逛商场。结果在它真的没落之前，一直都没有摆脱过。

在新中兴开店的老板一定是嘴巴够"狡"的，这一点还没走进新中兴就能感觉到，因为门前人行道上密密麻麻的手机贴膜摊主，经常也是张嘴就是一个段子："美女，手机贴膜，给手机贴个膜嘛！高手贴膜哦，哎哎哎，美女，高手哦，给高手一个机会三！"新中兴前有许多"摩的"在等着生意，店主们更是一个比一个时髦，经常能看到嬢嬢们穿得比小妹儿还轻薄，一身纱纱站得飞高，拿着喇叭吼："乖乖来看哈嘛，我身上这身喜欢不嘛，都是韩国爆款，卖得爆得很哦……"

看店的小哥们头发也染得五颜六色，粉的绿的，配上大耳钉，基本就是你们今天"粉"的那些韩流天团的造型。新中兴和泰华最大的不同，除了整体服饰水平稍高一点点外，就是那最吸引小妹子的、一楼琳琅满目的小饰品。

走到每家店都是闪闪发光：耳环、项链、手链、发带、发条、围巾……经常都能买到走在时尚尖尖上的各种仿款饰品，以及各种臭美的新鲜事物。当年刚刚才开始兴起"美瞳"这个新事物时，整个成都，也只有在新中兴一楼一个角落里的店才买得到，那二年辰的新中兴，真的是洋盘。

不过这里的小玩意喊价同样虚高，砍价需要对赌勇气。当时我们买小玩意经常采取的手段就是，不管老板喊一百好几，通通往 20 块砍，然后装可怜假装自己是穷学生没有钱。

虽然偶尔能得逞，但更多的是血泪史，一度被老板弯酸说："哟，现在成都人逛街只揣 20 块钱嗦！"

商场内掉落的灯箱　摄影／康筱韵

勇气赌完了还要对赌演技，一旦砍得双方都僵持不下，买家们就要开始装作要走了，紧接着店主们就会做出一副很吃亏让你赚了的表情把你叫住，让你回去拿。那年头，为买卖个衣服，大家都把自己锻炼成了老戏骨，也是不容易。

勇气和演技双赢之后，就会开开心心地用省下的钱去吃钵钵鸡，坐在街沿上吃碗酸辣粉，买杯奶茶，再来串铁板鱿鱼，五块钱的寿司也一定不会错过……吃最多垃圾食品的年纪，体重却永远都是两位数，当时的我们并不知道，原来这也是一种幸福。

现在的新中兴和泰华，早已找不到半点当年时尚尖尖的气质了，密密麻麻的小格子还在，但少了那脚踩脚的人气。一楼除了买点袜子、帽子、手机壳的年轻人之外，都是些背起手随意乱逛的叔叔孃孃；二楼以上都很惨，除了电梯周边的铺子还开着，其他不是铺面转让就是铺面清仓。到处都是歪歪斜斜的提示板，在半空中一甩一甩，像是在提示这座商场的年纪。

只有新中兴背后坝坝里的钵钵鸡还在那里，一到饭点依然食客络绎不绝，味道也几乎没有变，不过价格早已变成 1 元一串，克制地随便吃吃也能吃个二三十块，真是不可爱了……

工作后的郭特说她再也没逛过泰华、新中兴，但是偶尔路过，还是会突然想起高中的某个周末，买了寿司去吃钵钵鸡，穿过春熙路去逛新中兴，偶尔蹬起 8 厘米的细高跟从早上逛到晚上，提了一口袋的战利品。青春大概就是蓝色的指甲油、海盗船戒指、泰华新中兴花花绿绿的塑料袋、一尺八的腰围，以及很多很多自由自在的时光……

现在也几乎不会再一边走路，一边吃小贩卖的寿司了。但一提到这几间商场的名字，还是不禁会想起，那个手捧《少男少女》和《南风》，半个班的女生集体逛泰华淘便宜货的，青葱少女时代。🈂️

● 成都最后一辆奥拓去哪儿了

CHENGDU ZUIHOU YILIANG AOTUO QUNAER LE

/ 贾茹

一天，朋友和先生开起车子在路上，先生突然问她："你有好多年没看到过奥拓了？"一时之间，一个问题牵扯出两个人对于奥拓的各种记忆。讨论了一阵下来，他们产生了同一个疑问：好想晓得，最后一辆在成都大街上奔驰的奥拓是哪个开的哟！

是啊，成都最后一辆奥拓，到底去哪儿了？

千禧一代的成都娃儿看到这儿可能也没有搞懂：你们说的奥拓，是啥子奥拓？那就来给你摆一哈，啥子是奥拓。

第一辆奥拓，诞生在 25 年前。全成都人都晓得奥拓，但是莫得几个人晓得，光是奥拓，就有 4 种：重庆长安奥拓、湖南江南奥拓、吉林江北奥拓、西安秦川奥拓。

在成都，奥拓不叫奥拓，要亲切地喊它：拓拓儿。20 世纪 90 年代，奥拓几乎成了成都人的首选车型，一来那个时候重庆还没直辖，奥拓属于四川本土生产；二来价格便宜。当时市场上可以选择的车型不多，据说除了夏利之外，几乎找不到可以和奥拓相媲美的车型。

1998 年成都街道的车流　摄影／刘陈平

那个时候，出租车在成都还算"奢侈品"，90年代初，成都人一个月零花钱可能也就10块钱，坐个"炮儿朵"都要1元，你在街上打个车，在招手的同时感觉有无数目光都在看你，太洋了！后来，越来越多的奥拓占领成都的出租车市场："要打的哇？打拓拓儿嘛，起步5元。"

该买车了？买辆拓拓儿！才拿到驾照？买辆拓拓儿！20世纪90年代，成都街上每四辆车里，必有一辆奥拓，成都顺理成章地成了"奥拓之城"。那个时候成都人相互之间都流传一句话：大富婆开雅阁，小富婆开奥拓。

成都人从来都不觉得开奥拓是丢脸的事情，反而很享受开奥拓带来的光环。当年，要是周围哪个朋友看起哪个女娃子了，不管她是否有主，成都娃儿都会鼓励朋友开起奥拓去追，因为：开起奥拓，去拗脱！

大众的标志下面一直有一排字：Das Auto。这个是德语，其实翻译过来，和"the car"差不多是一个意思。曾有朋友发问："为什么要打死奥拓呢？奥拓不会痛吗？"

事实上在那个年代，桑塔纳就是要比奥拓高级比奥拓贵，"打死奥拓"是成都人一贯的幽默感，暗戳戳自嘲又一副无所谓的样子。

重庆人觉得买车起步都应该是桑塔纳 2000，但成都人却很实际，觉得奥拓也是车，是正儿八经的车哟！1998 年，江南奥拓以 2.38 万的"低价王"称号出现。两万块买辆汽车！即便在那个年代，这个价格也是惊人的低啊！

在曾经很火的电视剧《奋斗》里面，佟大为和文章一脚油门把奥拓开出了境，后来，大家都把明黄色这款奥拓称为"奋斗版奥拓"。

奥拓在成都人心目中大概又是啥子地位呢？我的亲朋好友们给我提供了很多精彩的故事。

2013 年的时候，在 95 路公交车上，一个老婆婆指到窗外标志是四个圈的黑色汽车问老爷爷，你看那个汽车多好看的。老爷爷回答："当然好看，奥拓，名牌车。"

我认识一个阿姨姓董，董阿姨那二年辰上班的时候买了一辆奥拓，上下班都开它。有一次同事搭车，那几年奥拓好稀罕嘛，同事上车就是这儿敲一下那儿敲一下，董阿姨着急了，说："你敲不得哦，隔会儿给我敲窝了！"

同事怪董阿姨小题大做，两个人争执不下，最后同事愤然下车。下车前，还使劲往董阿姨的车门上敲了两下，说："你这个啥子车子那么了不起嘛！"然后，车门上真的遭敲了个窝窝。

另一位朋友宋小姐刚参加工作不久，妈妈买了辆奥拓给她，一来是鼓励，二来也是个代步的好工具。宋小姐热情，经常拿自己崭新的奥拓搭同事上下班，驾照也是才拿不久，开车飞叉叉，经常遭擦剐。

有一次，宋小姐开车顺同事下班，因为当天人太多了，不得不超载。于是，6 个人一起挤进奥拓，每每开到大十字路口，宋小姐都要转过头来提醒大家："趴到点儿哈！"

妈妈的朋友张姐也回忆过，当年她们单位很有几个开奥拓来上班的，奥拓的喇叭沉闷，一按，大家都不禁抱怨："嗨呀，不晓得又是哪个的拓拓儿开起来了！"

有一天，停车的院坝头又开来一辆崭新的奥拓，伴着几声清脆又响亮的喇叭，大家都惊了，后来才晓得，车主自己都嫌弃这个喇叭，所以自己花钱，专门换了个奔驰喇叭。

我的同事树先生大概是在 2000 年左右的时候当的记者，那个时候跑体育，经常跟全兴队打交道。2001 年，正是成都私家车开始萌芽的阶段，魏群开的是宝马 3 系，马明宇开的马自达，姚夏雅阁，邹侑根富康，魏群的替补张伟哲就开的奥拓。

那二年辰，树先生的表哥买了辆奥拓，清明节的时候，搭了一车的老小去扫墓。副驾，他们觉得是全车上下最尊贵的位置，必须是爷爷的宝座。

另一位朋友睿姐当了 4 年的奥拓车主，她买车那会儿，奥拓依然是成都最便宜的车，但已经不算啥子稀罕物件儿了，4 万多的顶配——快乐王子，她花了 3 万 8，买了个中配。睿姐觉得这辆小奥拓简直就是她的贴心小棉袄，经开经整又小巧，除了不是自动挡之外，几乎没毛病。

睿姐也开起奥拓搭过朋友，有一次，她和小伙伴一起出去耍，中间需要短途辗转，觉得莫得必要打车，大家决定挤一哈，最后车子上满满当当装了七八个人，重起摞起坐了一车。嗯，挤一哈。换车的时候，睿姐还是多舍不得的，不过她很庆幸，遇到了个好价钱，1 万 8 满意脱手，过了这么多年，她依然还是会想起它。

那个时候把奥拓开上街很是拉风，现在，街上很难再找到奥拓了，好不容易在院坝头遇到一个，车身已经贴满各式广告，和电线杆唯一的区别就是，这个是自己的车，贴满牛皮癣，也莫得哪个敢"喷痰"。

我的同事康康还记得小时候爸爸有个朋友开了一辆浅蓝色的奥拓。他特别高特别瘦，和《鹿鼎记》里面的胖头陀差不多，一上车，就要把自己收缩进那个小框框里，脑壳顶到车顶，肐膝头抵到操作台，驼起背。康康说，她看到都难受。

九几年的时候，眉山做过一场大型的抽奖活动，一等奖是小型轿车，二等奖是电视冰箱一类的。我的同事蓓蓓一家花了2元钱，刮了个头奖。因为妈妈觉得爸爸开车的手艺有限，就考虑把它变卖成钱以贴补家用。

蓓蓓妈妈回忆说，是一辆红色的小型轿车，当时卖成一万多，卖车之后，举家欢庆，爸爸还专门设宴，请同事朋友大吃一顿。虽然品牌是啥早就记不清了，但我们都觉得，多半是奥拓，因为那个年代，没有比奥拓更便宜的车了。

西安奥拓后来改产福莱尔，小火了一把之后，转让给了电池大王比亚迪。树先生错过了奥拓，但没有错过福莱尔。福莱尔的英文是"flyer"，惊呆了，fly 是苍蝇儿，flyer 就是开苍蝇儿的人哦？为啥有人给自己起这个名字？

在研究奥拓的时候，发现《车周刊》专门写过奥拓和成都的关系，其中有一段是这样描述的：奥拓再也不是成都"满城尽开的拓拓儿"。但是，奥拓，对于成都来说，是不会，也不应该被遗忘的。因为奥拓在成都的分量实在太重：奥拓的历史几乎就是成都汽车的历史。

2012 年 5 月，成都街头出现过一辆敞篷奥拓，0.8T 带涡轮增压，这一敞，惊艳全国。2013 年成都的一家媒体还做过"寻找奥拓第一车"的活动。那一年的成都，已经鲜见"老奥拓"的踪影，他们希望和多位奥拓老车主取得联系，听他们摆一摆开奥拓的故事，但好多老车主都因为换车、报废、赠送等原因，给出了让人遗憾的回答。

新奥拓后来改版了，奥拓也不再是成都人心目中的"拓拓儿"了。没有小方脸、翘鼻子，再也不是随便整、擦剐了也不心疼不马上维修的那个拓拓儿了。🈁

● 成都，还剩下几本杂志

CHENGDU, HAISHENGXIA JIBEN ZHAZHI

/ 李佳蓓

10 年前，微博还没有出现，路边还有很多报刊亭，放学路上、下班回家，顺手买一本杂志可以津津有味逐字逐句地看一晚上。《新潮生活周刊》《华西生活周报》《成都女报》《明日·快1周》，李承鹏写专栏的《先锋·居周刊》、有范儿的《1626》……

最鼎盛的时候，成都有十几本杂志在发行，周刊杂志成为当时很多成都年轻人的精神寄托，占满了大家的茶余饭后。

人为什么需要杂志？城市为什么需要杂志？这两个问题成都用了 10 年来回答：

成都第一次成为杂志封面在全国大火是在 2000 年，《新周刊》第 91 期的专题《第四城》。这是第一次在全国范围内，给成都这座城市造了一个大 IP，也让当时才四岁的《新周刊》本身的影响力提升了一个档次，建立了自己的城市观，拥有了对城市发言的话语权。

从 2012 年起，成都每年都会屡上国内主流杂志的头条。2012 年 8 月《看天下》封面为一张熊猫脸，封面专题是《拿下"财富第四城"成都 PK 北上港》。《新周刊》12 年后再度关注成都，以长达 114 页的增刊，报道成都从"第四城"跃升"幸福第一城"。

2015 年 12 月 29 日，《明日·快 1 周》发行最后一期后宣布停刊　摄影／康筱韵

2014 年，《三联生活周刊》再次用熊猫作为封面，刊发《想象之外的成都》，13 个篇章，115 页，13 余万字，描写了成都的活力、魄力、大胆、锐气。

但成都一直没有一本镇得住这座城市的杂志。这是为什么？现在不得而知，但过去有很多杂志为此努力过，所以才留下了很多关于杂志和城市的碎片：

当时刚上大学的我还记得寝室室长买了一本爆好笑的杂志，里面有个栏目是偷听公交车上的人说话，那些家长里短的对话被室长用川普念出来，整个寝室都笑喷了。从此之后这本名字有点拗口的《明日·快 1 周》就成了 4-5-26 寝室的室刊，连最后一页的星座都要仔仔细细地看完。

当时《明日·快 1 周》的内容主要是成都的潮流话题、美食推荐、人物故事，城市发现等。

前主编王少华说《明日·快1周》最辉煌的时候，是每年制作的《成都苍蝇馆子50强》，每年发布一个榜单，当期都会一刊难求。2011年度的苍蝇馆子50强完全手册是"苍蝇馆子之成都不老神话"，引起众多好吃嘴的追捧。当时问了几个报摊都已经脱销，要好不容易才能在一个小巷报亭买到一本。

那个时候成都的文艺青年，每周都盼星期三！为啥子？因为可以买日思夜想的《明日·快1周》了，要时尚有时尚，要资讯有资讯，要美食有美食，要八卦有八卦，要牙尖有牙尖。

当时《明日·快1周》的选题，现在来看都十分"生猛"："成都按摩会所调查""九眼桥野史""成都四医院探访""康二姐全调查""窃听公交""窃听茶铺"……这些发现式的选题挖掘了成都各种圈子，以及特殊人群的故事。

《明日·快1周》2006年创刊，2015年12月29日发行了它最后一期，停刊之后，很多人都感慨"舍不得"。

我的大学同学姣姣10年前最爱看的是《新潮》，那时上课遇到听不进去的课，就在底下看杂志。《新潮》便宜啊，5毛钱4本，寝室一人分一本，看完再交换。

当时成都的杂志各领风骚，时尚达人们最爱的是《1626》，一个字形容就是"潮"。它作为中国第一本原创潮流杂志辐射到了成都，当时担任成都版市场总监的可可说，几乎所有的潮牌厂牌在入驻北上广成时都会主动联系各种投放和深度合作，感觉每天都有做不完的活动。

2011年的时候，当时热波音乐节第一次进入成都，《1626》和它合作在现场推出了一个专区做潮流创意市集，就叫"1626创享工厂"，得到了很大的反响，后来活动被很多品牌和本土机构模仿。

那几年成都各个行业都有一本杂志冒出来，2007年"中国首家金融VIP杂志"《读城》就在成都诞生。主要关注和解读城市建设、城市产业、城市文化和城市生活。《读城》的编辑王静回忆说，最牛的选题就是创刊号《成都贵姓》，那个时候，一本杂志横空出世，问一座城市"贵姓"，她以为"完全是超越时代的提问"。

成都的艺术设计圈也有一本杂志《1314》，创刊于2005年，由成都设计界最出名的黑蚁文创推广发行，是当时西南地区唯一一本艺术设计类杂志。2018年8月最新的一期，他们将目光聚焦到成都的雕塑艺术生态，依然坚持着自己的步调。在《1314》工作的编辑小九看来，这是一本忽略即时性，具有文献性的杂志。

依然活着的《1314》 摄影／康筱韵

2017 年新创刊的《天府文化》 摄影／康筱韵

《麓客》是一本很特别的杂志，创刊于 2008 年，初期它只是一本地产公司的企业内刊，一本只有几十个页码的小册子，关注企业文化，工作人员只有一个人。之后它变成了一本以房地产项目的业主为主要阅读对象的业主内刊。2015 年后，《麓客》变身为以全国读者以及原有企业业主为阅读对象的公开发行的杂志，在方所、言几又等书店销售。

为什么说它特别，是因为它不仅仅是一本纸质的读物，而更像一个平台。它联合建筑师、公益人、艺术家、技艺继承人，与编辑、设计师、摄影师，一起在这个平台上工作。另一个特别之处，是《麓客》还创办了一个在成都很有影响力的演讲平台——麓客思享会。

团队也很特别，他们仅有 3 个人，但却做着看起来像 30 个人才能做的事。

《龙门阵》算是成都最本土、历史最久的一本杂志了，1980 年创刊。2014 年改版以后，依然在关注中国传统文化、民风民俗。比如：陶器、漆器、年画、油纸伞、小院、川剧、茶馆等，每一个选题可以说都很有"川味"。

虽然纸媒已经式微，但是依然还有杂志在新媒体繁盛的时代想要对抗"碎片化"，认真留下来。你能想象 2017 年还有杂志新创刊吗？

《天府文化》就是。

2017 年 9 月，在成都开通直飞纽约航线的时候，《天府文化》做了一期《双城记》，写了一些成都和纽约作为一个城市内在气质相同的一面，比如包容、自由、对文化生活的推崇等等。

前执行主编张丰认为，我们并不是拿两个城市做比较，而是发自内心地希望向世界上最好的城市来学习。他依然对杂志抱有信心："杂志很明显更有生命力，它的内容更有深度，更接近书，更有阅读感。我希望我们能够写出更好的文本，希望每个记者都能成为这个城市的专栏作家和城市生活优秀的观察者。"

城市指南（CITY GUIDE）是杂志或图书中一个比较特殊的类别，我们熟悉的有 Monocle、Wallpaper、孤独星球、LV、LUXE、米其林。属于成都的城市指南诞生于 2016 年，《一筑一事》在这一年出品了《小蓝书》系列（Z/S STUDIO CITY GUIDE）。

《小蓝书》让人看到在新媒体时代，纸质读物依然能掀起浪花。《小蓝书》是关于成都的大开本城市指南，图文并茂、三百多页，售价 298 元，在公众号预售开启 24 小时即售出 360 本，最终售出 3000 本，现已售罄。然而，在主编王牧之看来，它的巅峰时刻还未到来。

有人继续闯入，有人陆续离开，有些杂志"活着"却悄无声息，有些杂志"死了"却让人念念不忘。

未来杂志会消失吗？我们问了这些人：

《明日·快 1 周》前主编王少华：杂志的消失是一个正常的现象，不必留恋。对杂志的需求现在有其他的方式，例如微信公众号去满足。

《麓客》前执行主编安然：基于经济和商业的考量，杂志必然会消失，而且印制、纸张、物流都是高耗能的消费，从环保的角度看，它也不适应社会的发展。

《天府文化》前执行主编张丰：杂志不会消失，那种印刷在纸上的美感，是电子杂志所取代不了的。

《一筑一事城市指南》主编王牧之：做杂志的最好时机，就是现在了。

杂志会不会消失，谁也回答不了。

● 成都夜店简史

CHENGDU YEDIAN JIANSHI

/ 康筱韵

说真的，我已经好多年没听到"蹦迪"这个词了，更不要说"迪吧"这个古早的夜店代名词。

在成都，夜店的代名词早就被保利中心、339 等接管黑夜的地标所取代。哪个再说蹦迪，怕是要被保利楼上的"95 后"们用一脸看史前生物的眼神鄙视。

然而，没有当年的迪斯科，哪来今天的电音 CLUB？每个时代都有自己的夜店记忆，不同年代的年轻人都有着相同的荷尔蒙。你把荷尔蒙洒在 SPACE 和保利，他们把青春洒在红色年代和 BABI……

2019 年 8 月，逛夜店的人们　摄影／陈昱坤

来蹦迪

JJ 迪斯科、Mtown 迪士高，这些光是念出来都觉得嘴里泛着泥土味道的陈年旧名，在小酒馆出现之前，开始有"地下音乐"概念之后，承载着部分地下乐队的演出。当然，这些演出都不过是点缀，毕竟，蹦迪才是迪吧里的正经事。

当年十几岁、还是高中生的 Kris 至今都记得第一次被哥哥带去 Mtown 的场景。巨大的空间里，Kris 人生第一次听到迪斯科音乐，第一次感受到音浪印上胸口，第一次看到黑压压的人群在舞池里拼命地摇摆、跳跃、挥动双手……

震撼——她说，这是她模糊记忆里唯一清晰的词语。

那时候 Mtown 刚开业，据说当时就是卖门票，然后大家进去，跟着几个舞台上的领舞跳舞、狂欢。说蹦迪就蹦迪，酒精绝对不是关键词，那个时候的迪吧就是这样纯粹。也不知道是不是因为太纯粹了，所以即使前期人气与口碑双高，几年之后，Mtown 这块响当当的招牌，还是垮塌关张了。

但一个 Mtown 倒下去，千万个 Mtown 站起来：回归、零点、红番区、热舞、卡卡都……这些在十年后被称为只有中老年"广耳石"（特指弯脚杆、乡巴佬）才会去耍的地方，在正当红那几年，不知埋葬了多少操哥操姐的青春。

最早说到想偶遇香港明星，懂的人都会去锦江宾馆谭咏麟开的东方魅力；后来说起金碧辉煌、纸醉金迷，最先想起的是冠城楼下、人气爆棚的热舞；说到音乐最好，有人会给你推荐卡卡都、名舰；说到高档大气上档次，跪坐式服务的 MGM 也承包了不少人的记忆。

耍迪吧的操哥要穿深蓝色双开叉的西服，里面搭上金盾衬衫，这身战袍号称那二年辰操哥豪配，不存在撞不撞衫，不穿就说不上"操"；耍迪吧的操妹不乏"饮食诈骗犯"，有组织有计划喝光操哥的酒，花光操哥的钱，然后手都不让摸一下就能全身而退。

有操哥操姐的地方就少不了故事。20 世纪末 21 世纪初的迪吧，免不了鱼龙混杂。不是我夸张，几乎每一家有名的迪吧都有轰动全城的大事件。

最著名的要数"三枪震魏群"，发生在 20 世纪 90 年代末很火的"回归"迪吧。全兴的骁将魏群为救队员在此引发了一场大混战，直到警察赶来鸣枪三声大家才收手。第二天，"三枪震魏群"这个大标就登上了报纸头条，"回归"就这样把自己的名字印上了史册。

九眼桥的"零点"也汇集了大票社会人士，"一个月31 天，30 天门口都在打架"这个说法也不算夸张。隔不到几天就会引得大家开始讨论"昨天零点门口又咋个了"之类的话题。当时某著名社会大哥据说就是挂在"零点"门口的。

不过说实话，那二年辰，大家去酒吧喝的饮料其实比喝的啤酒还多……没有酒精的加持，光是听着迪斯科就能血气上涌诉诸拳头，这就是那个年代的荷尔蒙。剩下的不打架的年轻人，就把所有的力气全部消耗在了舞池里。

在卡卡都，在热舞，在泡泡机和灯光的氤氲之下，耳边响起的是荷东和猛士，TRANCE 和恰恰，身体舞动的是霹雳舞，抽筋舞，是滑步，是传电……随便你左右摆还是八字摇，只要在舞池里，统称蹦迪；只要在舞池里，每个人都用力得像是要把自己抛出去。

来慢摇

到了 2000 年以后，喝酒慢慢代替蹦迪变成了正经事，音乐也开始从迪斯科向电子音乐转变。迪吧时代谢幕，紫荆电影院旁的MIX CLUB 开启了成都的慢摇吧时代。

"那时我们都觉得去 MIX 很'港',酒吧门口常常停着法拉利、宝马,能够坐在里面听听歌,觉得自己品位挺高。"我的一个老操哥朋友这样说。

MIX 的"港"不仅在于带来了新的音乐——和迪斯科完全不一样的潮流电子音乐,也在于把酒吧拉上了新的档次。相对高昂的价格又制造了相对较高的进入门槛,让进 MIX 这样的慢摇吧变成了一件值得显摆的洋气体验,吸引来了大量热爱潮流的年轻人。

没几个月,同为慢摇吧的 BABI CLUB 就在 MIX 隔壁崛起,喜新厌旧的成都人又一股脑蜂拥而至。电音波动,声光漫射,年轻男女的荷尔蒙持续翻动。喜欢玩的小年轻,刚参加工作的白领,他们混迹 BABI 的原因,有时候并不是为了喝一台八百块的酒,而是花八百块买一晚打望和认识新朋友的机会。

不爱喝酒的 Kris 和小姐妹们的目的也一样。直到眼睛得到饱餐,直到她们 AA 买来的酒被 N 波串场的、来自不同圈子的熟人喝完,她们也就心满意足地结束又一夜的"狂欢"。

不过,也不是所有夜店都走的"蹦次蹦次"、火力全开的路线。有歌手驻唱的纯粹酒吧也大受欢迎,成为夜店里的清流。最著名的数"空瓶子"和"音乐房子",特别是音乐房子,直到今天都还在低调地发光发热。从这里,走出了张靓颖、王铮亮,不少知名的音

喝酒前先拍照的当代夜店咖 摄影 / 康筱韵

乐人到成都巡演也会把场地选在这儿。

而当年的"半打"最受白领喜欢，号称有着全成都最舒服的露天座位，节奏缓慢，档次高，价位也高。

最有意思的是"单行道"。这是当时成都著名的"约会"主题酒吧。可以现场写纸条"勾兑"，然后请工作人员帮忙传递和搭桥，没有微信"摇一摇"和"陌陌"的年代，这样的勾兑方式有一种原始的趣味。

这一类酒吧的存活时间会相对长一点点，不像追求瞬间释放的迪吧和慢摇吧，人们对它们的热情总会因为下一个新夜场的出现而发生快速转移。

唯一火遍了迪吧时代和慢摇吧时代的夜店，就只有"红色年代"。从一开始的迪吧时代，它就和回归一起领跑人民南路的夜店；在慢摇兴起之后又迅速地做了调整，成为成都第一家邀请世界级 DJ 的最港火夜店。

而那位世界级 DJ TIESTO 在当时可是世界排名第一！大把成都本土 DJ 为了当他的暖场嘉宾甚至举行了一场比赛。而到了正式演出那天，几乎全成都及周边的电音爱好者和派对动物全部都聚集在了红色年代，更不乏从深圳、广州和香港专程飞来的发烧友。盛况空前，在中国电音发展史上都留下了浓墨重彩的一笔。

几年后，当"88 号"出现的时候，夜生活中心西迁至少陵路，秒变旧势力的 MIX 应声倒下，曾经总是在夜里排起长队的 BABI 也再也找不回往日的风采。

88 号，转型后的少陵路"卡卡都"，从广州红到成都的"本色"，九眼桥的"酒吧一条街"，以及更靠后的网红酒吧 MUSE……虽然在一段时间内依然会火爆到一座难求，但似乎已经无法像最初的迪吧那样，深刻影响年轻人的夜生活了。

从 Mtown 至此，一代人的夜店记忆戛然而止。Kris 回忆起以前爱玩夜店的原因，除了年轻爱凑热闹喜欢耍和单纯释放荷尔蒙之外，大概就是因为在那个年代，能耍的选择实在太局限，能认识新朋友的方式也太少。

不像今天，不耍夜店的年轻人还可以在健身、户外和电竞上释放青春；去耍 SPACE，只需要拍个自拍发朋友圈，就能呼朋唤友一起去浪。

摄影 / 陈昱坤

来踮脚

时代变了，小年轻们更看重的是音乐和氛围。虽然今天的 SPACE 其实在耍法上和原来的慢摇吧差别不算大，但音乐的水准的确够高，每月总能请到世界级的大牌 DJ 到店演出，连思聪来了也流连忘返。

另外，起步价 3000 块的卡座，也把人群精准地卡在了高位，想看热闹的根本无法企及。同样看重音乐的保利楼上氛围又不那么相同，他们追求刺激出格，更小众，更亚文化，也更年轻，当然，也更便宜。

现在的小年轻回看耍迪吧的"老年人"，大概会嘲笑他们的土气和五花八门的古老舞姿；而早年逛迪吧的操哥们，估计也会忍不住吐槽小年轻："花那么多钱去酒吧耍，结果只晓得在里面一踮一踮地耍手机，不甩头不扭胯，怎么能嗨得爆喃请问？！"

我曾嘲笑过 70 年代的音乐，80 年代的电影太土气，对此我表示深深地反省。那些音乐和电影并不只是普通的音乐和电影，而曾经是你们的青春和过往，当我已经变得不再年轻时，我才明白了这一点。

——《请回答 1994》

成飞公园内的孔雀"梭梭板"　　摄影 / 彭何

● 不会说"黄普"的黄田坝娃儿不是正宗的 132 厂子弟

/ 彭何

2017 年的 6 月 12 号，我刚发完《132 厂的成飞公园，有我最喜欢的孔雀梭梭板》这篇文章，一位朋友就将它分享到了她成飞子弟中学初 96 级 7 班的同学群。这随手一扔，完全超过了她的意料。回忆勾起，越讨论越激动。沸腾了 3 天，他们决定召开同学会，重回成飞公园。

那年 7 月初的一个星期六，这群厂子弟邀请了 4 位当年的老师，回学校重温课堂记忆，逛公园感受新变化，行程满满当当。没想到一篇文章促成了他们同学 21 年来的再次相遇，当年全班 33 人，实到 16 人，这是他们毕业后聚会人数最多的一次。我跟着他们记录了这次同学会，回忆了 132 厂的青春。

上午，他们要在当年的那间教室重温以前的课堂时光。临近约定的时刻，"×××怎么还没到？""他刚才打电话说在来的路上堵车了。"一群人都还有"黄普"口音——专属于黄田坝的普通话，这是当年东北、上海和江苏等地的工人、专家汇集到此，和四川口音融合之后形成的。

在催促声中，当年7班的同学们陆续从四面八方赶到成飞中学。现在132厂的交通已经方便太多。以前不管是到厂里还是市区，出行只有黄田坝车站的老13路，终点站有阵在人民公园，开一个半小时才到，大家管这叫"进城"。

黄田坝站台上停满了通道车——以前的一种长的公交车，中间是一个转盘，倒拐的时候，转盘要扭动。车上随时都挤满了人，为抢座位没少"打锤角逐"。赶车有讲究，必须先到调度室看一个手写的牌子，下一趟是发编号为30的车，那大家就挤到这辆车上。

但经常调度员要"发疯"，等大家坐好要发车，她又喊一声："28走！"大家就一窝蜂下来去挤28的车。当时从132厂进城也只有一条厂门口的小路，连中央马路都很窄，一排排法国梧桐，经常掉毛毛虫，随时吸引来一大群麻雀。

公交车出黄田坝车站，过铁轨过清水河，上现在的IT大道。如果刚好遇到火车通过，公交车必须停下来等半天，上班的就知道今天肯定要迟到。

老13路的运力实在有限，后来很多私人的中巴车来132厂跑这条线路。白天老13路票价9毛，中巴车就卖一块二，等晚上8点公交车停了，中巴车翻倍卖二块四。

价格贵，上完晚自习回城里的老师还是要坐。没有零钱付车票，可以拿厂里的饭菜票补。在当时，厂里的饭菜票在 132 厂就有点硬通货的感觉。

同样的教室，21 年后还是属于 7 班，可再次踏进，却觉得是那般小。女生永远都是那么勤劳，乐于干琐碎的事情，忙着布置教室，挂横幅，按照当年的座位安排今天的座位。男生则习惯性地围成一堆，回忆起我和谁谁挨着坐过，当年怎么会没有挨着你坐过，今天无论如何要当一次同桌。

当年的少年变成了大叔，美丽的女孩现在依然美丽。"黑妹"带来了自己的两个儿女，坐在自己当年的位置，不知道心里有怎样的涟漪。

同学会上，特别请来了当年的 4 位老师。班主任兼数学老师罗老师还记得大部分的人，准确喊出名字之后，再是一阵兴奋的拥抱，感慨以前那么小一个女孩，现在都长这么大了。

重温当年的课堂和老师的教诲，班主任罗老师讲了三角形的中线，大家直呼听不懂。以前，他们都怕班主任，经常被罚跑操场。

132 厂有自己的电视台，当年还经常放香港的电视节目，还有更洋的《东京爱情故事》《天桥风云》。那阵流行郭富城、林志颖，一帮男生追时髦也留起分分头，学穿小西服，但每到班主任的课，他们就把偏分使劲弄齐，但哪弄得齐？又得挨骂。

刘老师上台讲了几句英文，停顿了好几次，她不教书好多年，直言自己早已忘得一干二净，去国外最多能打个招呼讲个价。但同学们还是爱她。

教物理的马老师，分享了一个中国飞行员在 1940 年单机迎战 32 架日本战机的故事。"我的学生都战死了，现在轮到我这个老师上去了。"故事中这个成都航校的英雄老师，当年正是从现在的黄田坝这个地方起飞的。大家惊叹、感动。

摄影 / 彭何

让很多人意外的是教语文的何老师，在台上郑重地向一位女同学道歉。当时何老师刚从学校毕业，第一届就带这个班这群人。

何老师当年的某句话，可能真的伤害到了有些同学。"我当时说你那么小个个儿，人小鬼大，以后什么也干不成。现在想起来，真的很扎心。"

老师动情眼泪兮兮，被道歉的同学，也眼泪兮兮，全场更是飙泪。说出来，就和解了。其实，大家内心深处还是感谢老师的那些教诲。

当时整个社会都信奉"黄荆条子出好人"，不打不成才。小孩不听话，家长自己打，也主动汇报给老师，请帮忙打。有家长甚至会一直跟踪孩子看干什么去了，去滑冰、去清水河边烤烧烤、喝酒，都会及时向老师反映。

"英俊少年"和几个同学骑车去马家场找同学，绰号"冬瓜"的那个娃耍帅，一会儿丢单手一会儿丢双手，再一会儿交叉手骑，扑通，脸摔得稀烂。

厂里的小孩会耍，一伙男生要带一群女生专门去老成飞医院的太平间耍，男生突然跑掉，剩下惊叫唤的女生。

20世纪90年代流行跳舞、滑旱冰，五街坊菜市场附近的滑冰场是两元，蓝天餐厅二楼的舞厅变成滑冰场，票价是三元。学生喜欢去耍，但也怕，尤其是男生。

里面坏娃娃多，当年技校还有"四大天王"，经常在各个学校到处晃悠，动不动就要喊这个男生拿几块钱出来给自己买滑冰票买烟。滑冰场撩妹耍朋友的多，打架的也多。

"英俊少年"还记得：当时"包子"才学会滑冰，不小心晃到了一个女生，那女生的男朋友扇了"包子"几耳光。没想到被几个很尊敬"包子"父亲的人看到，一起又把那人打了一顿，还喊那女生赔钱。

女生其实也惨，经常被男同学捉弄，自行车看着好好的，等一坐上去，气门芯"噗"的一声，压出来了，轮胎瘪了，气得要哭。

想不被欺负，那阵的厂子弟都流行认高年级的某个人当大哥大姐，学的是古惑仔。只要有麻烦，一报大哥大姐的名号就万事大吉。也有尴尬的时候。有个同学被欺负了，喊对方等到，我喊我哥来收拾你，我哥是谁谁谁，结果对方一听，这不是我小弟嘛，喊过来呀！原来遇到更大的哥了。

现在灯光球场体育馆的位置，以前是足球场，很多人在那儿耍朋友，每天放学，好多学生也在那里约架。绰号"移动硬盘"的那个家伙，在自家楼上看得一清二楚。

你喊一批人，我喊一批人，下午6点足球场见。但通常都打不起来，喊来的人总有一个是认识双方的人，几说几说就和解了。

厂子弟也有相对正规、家长许可的耍法，婷姐的父亲带她去老俱乐部里的电影院看过电影。后来半地下室的地方开了家录像厅，《大话西游》成了好多人在那儿看的第一部片子。每年成飞公园还发游园会的票，夹弹子、猜灯谜、打乒乓球。不管什么水平，上海硫磺皂、搪瓷盆，每个人都有奖品拿。

当时，社会上普遍都是上六天班，休星期日，但直到 1990 年代，132 厂都是休星期三。星期三对厂子弟来说就是星期天，因为这天 132 厂停电。通常几个同学要结伴坐老 13 路进城耍，女生逛公园、逛荷花池。

男生一到终点站，直接冲到站对面的文物商店一楼打游戏，三角钱 1 个币，两块钱买 7 个。和老板熟了，一块钱可以买 4 个。打圆桌武士，打街头霸王，暴力血腥的游戏，最开始只有 9 人版，后来扩展到 12 个人。一群小伙伴打游戏耍得过瘾，但外面不良少年实在太多，也经常遭抢钱，即使藏在袜子里面也遭翻出来。

全都是小孩的辛苦钱，洗碗跑腿一次才可以得一毛钱。要是打游戏被家长老师发现了，回去还要遭一顿收拾，惨上加惨。虽然要打要骂，不过，老师是真的爱学生。听说现在有的学校老师补一节课几百块，当时所有的补课，老师都一分钱不收。

"英俊少年"现在都还记得：放假，班主任罗老师经常会喊全班同学来补课，个别同学成绩实在太不好，还会喊该同学晚上到家里来补课。老师一边做饭，学生一边学习，饭好了，大家一起吃。"当时罗老师小孩还比较小，她还要一边喂饭一边讲课。"

每个班总有那么一个最能活跃气氛的人。大多数同学已经结婚生子。中午的那顿聚餐上，"鸭子"使出浑身解数想撮合两位还是单身的同学在一起。"几年前就相互要了电话，不仅是初中同学，还是幼儿园同学，还没在一起，怎么搞起的？"大家一阵狂笑，无心喝酒也无心吃饭，只想聊天撮合。

当年在 132 厂，无论是谈恋爱还是结婚，都喜欢在电台点歌送给对方，只有通过厂里的广播播报，完成这项仪式才能算真正结婚。不过，"移动硬盘"在她 12 岁生日的时候，收到了她爸花 20 块钱为她点的一首小虎队的《爱》，整个厂区都听得见。

她不好意思，全班同学却好羡慕，老师也笑她，这价钱在当时都可以买一只鸡来炖！后来厂里广播点歌不流行了，盛行电话点歌台，到约定好的时间，电话就会响，有同学点歌给你送祝福。

到底有多流行？"英俊少年"有次和同学到"冬瓜"家，每个人都用座机给朋友点歌，电话打爆，费用起码超过 3 位数。

当时，要靠走关系，花两千多巨资才能安座机，第一批开头是 740，第二批的是 741，相互打不要钱。

132 厂里的圈子小，典型的熟人社会，大家都很单纯，大家对 132 厂生活的几乎所有点滴都记得清清楚楚。不管怎么分班，转去转来都是那么些个同学在一起，同一个班，谁和谁以前是小学同学，谁又和谁以前当过幼儿园同学。

同学之间熟悉，父母之间也熟悉，谁和谁的父母在同一个车间，谁和谁的父母经常一起跳舞。各种消息在厂里都传得飞快。但这种快，也往往限于厂区这个自给自足的小社会中。外面发生的事情，一个星期之后才会传到 132 厂。新闻成了旧闻，在现在根本不可想象。

除了火葬场，132 厂里应有尽有，有自己的菜市、学校、医院……完全自给自足。现在四层楼停车场的位置，以前有三四个高烟囱，烧煤负责整个厂区的蒸汽供应和热能供应。厂里当时还有很多很大的煤气罐，专供生活区用气。后来煤改气，高烟囱没了。

厂里面的水不好，地下水水垢很重。装了净水系统，都喝直饮水，刚开始还可以，过一阵还是不行。说起水，当时 132 厂有专门的开水房，就在公共浴室旁边，负责集中供应开水。单位统一发开水票，需要用热水就拿瓶子盆子到开水房去打。

一般是家中的男人去打开水，成群结队的"二八"自行车，尤其在冬天，打开水排很长的队，每辆自行车挂四个 8 磅重的水瓶，每边两只。

去 132 厂的公共浴室洗澡真的麻烦、尴尬。自己跟着家长拿着盆儿，进去雾气腾腾，浴室没有隔间，好多人挤在一堆，经常遇到老师也在里面洗澡。水龙头坏了，大家还抢水龙头，两三个人共用同一个水龙头很普遍。你打肥皂的时候，我冲。

开水房现在没了；老俱乐部拆了，人们在上面跳坝坝舞；单元楼变成了电梯公寓……132 厂的变化大家都看在眼里。公园翻新过，老虎洞没了，植物园也没了，老游泳池变成了新游泳池。大家走进成飞公园，还眼熟的就是孔雀"梭梭板"、十二生肖和空中自行车，小火车已经没了。

以前，上班铃声一响，成飞 110 的面包车就拉起一堆人，每个口子放一个下来，人站在中间管理，所有口子戒严。汽车、三轮车一律不准走，只准穿着制服，骑着自行车、电瓶车的工人往厂门口冲，浩浩荡荡，是贾樟柯《二十四城》中的场景。

现在，红绿灯瞬间都会变成红灯，取代了人工的作用，也不准其他车子走。广播放《歌唱祖国》，放《告诉》。下午下班，依旧是一曲歌，只是换成了《告诉世界告诉未来》。当年放学下班，黄昏日落田坝的感觉，现在变得缥缈。

成飞 152 小区大门　摄影／彭何

现在，132 厂自己生产的冰糕是彻底没了，以前的麻将冰糕和果汁大冰，一块钱可以买四个，好大一个，"移动硬盘"觉得当时自己都快拿不起那个冰糕，太划得来了。

"成飞大馒头，五角钱一个。"馒头现在还在，还是无添加，还是味道回甜，价格还是没变过。每天下午 4 点就开卖，才 3 点过就有很长的队伍等着买，一袋 6 个，限购，买到后面，买多了的人还要挨骂。亲戚来了，走的时候家里要专门送两袋馒头，馒头成了132 厂的土特产。

现在买馒头，排队的基本都是老年人，也没那么多了。每隔一段时间，就有讣告贴出来。

一场同学会，每个人都有话聊，谁都没有受到冷落。从 1993 年开始当初中同学，大时代变了，但几十年的同学情谊不会变。可能因为他们都是厂子弟，基本都是独生子女，父母之间是同车间的工友，同学之间就是亲兄弟姐妹。他们有更加深厚、更加单纯的同学关系。

那个年代，同学之间不存在很激烈的竞争关系。物质条件相对均匀，不管是领导的小孩还是普通人的小孩，都差不多，都在一个班上。只有高中，才有更多的同学到外面更好的学校念书。那阵，十二中还和四七九被称为成都的"四大名校"，去双流的棠湖中学读书刚刚流行。读中专也很不错，毕业包分配。

去外面读书，有人当时想要决绝地告别厂区生活，百转千回，但有的还是又回到了厂里，接替父辈的班。有人陆续搬出了原来千篇一律的筒子楼，有人还一代一代住在里面，一直见证 132 厂的发展。

当年被罚写 3000 字作文，提前20 年当"网红"的"鸡死"在作文里写：早上起来，先睁左眼，再睁右眼，然后刷牙，嚓嚓嚓，嚓嚓嚓，嚓嚓嚓……嚓了很多行，好几十个字。

语文老师当着全班念，现在每说起一次大家笑一次，但现在"鸡死"已经成了厂里的一个小组长和技术带头人，刚从巴基斯坦回来，被调侃吃了无数甲鱼。

曾经的费头子娃娃些，长大了。

厂，也变强大了。

供图 / 白夜

● 20 年来，进入白夜的 10 个男青年

20 NIANLAI, JINRU BAIYE DE 10 GE NANQINGNIAN

/ 潘媛

大约中国从来没有一家酒吧，可以装得下这么多抽象和具象的东西：
诗酒，胶片，光影，岁月，黑发，轻狂，裙裾，香烟，夏天。还有一代又一代的男青年。

20 岁的白夜装下了。

1998 年，何小竹；1999 年，贾樟柯

1999 年，何小竹和贾樟柯在白夜喝酒。那时，未入而立之年的贾樟柯还只拍过一部《小武》；而前黔江文化局干部何小竹在成都定居到了第七个年头，刚接受诗人杨黎的邀约，和翟永明、石光华一起加盟了一本电影杂志。

曾立于玉林西路上的老白夜　供图／白夜

翟永明觉得《小武》特别棒，所以邀请贾樟柯来参加"世纪之交：电影与文学研讨会"。那天晚上何小竹与贾樟柯在白夜喝酒，具体谈些什么何小竹忘了，但有一个关键词他至今印象深刻，那就是"当下性"。这个词后来被贾樟柯频繁地在谈话中使用。

白夜在 1998 年 5 月 8 日开业。那天也正好是何小竹的生日。所以，十多年来他的生日几乎都在白夜度过。他家离老白夜不远，只要有朋友在白夜坐下，就会给他打电话。晚上喝得两眼一抹黑，他也可以坚持走回家。

八年后，贾樟柯在成都拍《二十四城记》。他请翟永明为他虚构了四个故事，并为电影选诗。在结尾，翟姐选了万夏的《本质》——

成都

仅你消逝的一面

已经足以让我荣耀一生

戛纳公映那天，距离"5·12"汶川地震仅十日。这诗叫人泪流满面。

2001 年，六回

2001 年，来自浙江的男青年六回 19 岁。他在老白夜卖盗版碟。留一张片单，《小武》《索多玛 120 天》，什么先锋卖什么。然后留个传呼机。进价几块钱，卖二十几块。他说简直是暴利。

但是六回还是没钱在白夜喝酒。何小竹和杨黎这些老大哥有时会叫上他一起，假如有客人从外地来，就在白夜喝。直到 2013 年离开成都，六回的记忆中，最多的场景就是，和石光华一起，在白夜。频率高的时候，一周去两三次很正常。他们喝最便宜的"虎牌"，一般是石老买单。后来六回在杂志社工作，一个月能挣几千块的时候，也会偶尔买单。

他们喝到凌晨三点，然后叫醒守门的老头，为白夜关门。

2006 年，马松

2006 年，白夜开到第八年，诗人马松已经知道自己什么时候快要醉到无法打理自己了。于是，他会在这个时候起身回家。"白夜开张的头一两年，马松是一个不愿回家的人。他最怕的是深夜与众朋友分手，那时，他必被一个朋友押解而去。"马松是许多人的回忆。

石光华说马松有一次喝醉了，抱着门口的电线杆死活不走，很多人都拉不动他。人们聊起来，会问："那些年，马松抱过的电线杆，还在吗？哦，还在！"

翟永明也写过拉不动的马松：

当时白夜的吧台旁，还有一根刘家琨设计的柱子，那是为了支撑吧台上方一小块储藏室用的。马松即便在醉得不省人事时，也知道从这儿经过时，一把抱住它，任别人怎样推拉也绝不松手。后来随着白夜装修，这根柱子被拆掉了，马松改为抓住白夜的门框不放。更多的时候，马松是抓住出租车门不放，别的朋友根本无法把他塞进车里。

就这样，诗人马松抱着白夜的柱子、门框，白夜门口的电线杆，以及停在门口等客的出租车车门，抱着白夜，抱着他李白式的写诗的方式，一抱就是好多年。

2008 年，凹凸

刚从窄巷子回来。

晚饭后，七点一刻出发，我从龙泉驿向成都市区驶去。在窄巷子 32 号门口，看见了人高马大的王敏，打过招呼，他递了一张请柬给我。凭请柬，白夜酒吧的服务生给我拿了三瓶啤酒，他说除啤酒外，红酒、洋酒任喝。

在白夜，我先看见了翟永明、杨然、秦风，之后陆陆续续看见了杨黎、石光华、钟鸣、竖、王镜、欧阳江河、贾樟柯、周瓒、李陀、小安、刘涛、柏桦、蒋荣、吉木狼格、文迪、胡应鹏、罗铖、雨田、文康、华秋、吴克勤、李亚伟、杨晓芸、龚静染、张义先、洁尘等。到场人数据我目测有近 200 人。

那里在举行一个活动，有讲话、朗诵、演奏、喝酒、海吹等。

这个活动是为白夜酒吧位于窄巷子 32 号的新店开张暨白夜诞生十周年而举行的。

——凹凸，2008.8.5，23 时记

2010 年，朱成

雕塑家朱成在白夜是另外一个样子。马松是不动，朱成是动。

2010 年的平安夜，何小竹和洁尘、中茂两口子从双流县高饭店村的"高地"艺术基地，跟何工等一帮艺术家聚餐完毕，转场到宽窄巷子的新白夜——通常，白夜是许多人的第二场。

他们到时午夜还未至，朱成已经高兴得"四仰八叉"，头上裹着不知道谁的枣红围巾。何小竹说，看朱成跳舞人人都会乐，觉得这个晚上特别值。何小竹拍下了糊成一团的朱成。

第二年平安夜朱成还是在白夜跳舞。摄影师张骏拍下了他自唱自跳的场景。由于载歌载舞，朱成在白夜留下的影像总是糊成一团。

翟永明说他的舞"还真有点儿意思"，"无法归类的那种舞姿，是他独创的，有现代舞的成分，也有20世纪70年代的风格。可以达到'灵魂出窍'的感觉"。

翟永明在20世纪80年代的时候在朱成的工作室工作过一段时间，给他当助手。"他那儿就像一个小小的艺术收容所"。后来，翟永明开了白夜，开始"收容"这些艺术家、诗人。

一开始白夜更像是一个客厅。"那时大家的房子都很小，需要一个公共空间，一个大一点儿的客厅"，于是有了白夜，60平方米，喝点威士忌，穷开心。

2013 年，北岛

29 年前，北岛来到成都，与顾城、舒婷一起参加"星星诗歌节"。29 年后，北岛出现在白夜，参加"香港国际诗歌之夜"。

肖全记录下了这样的夜晚：

北岛的出现引起了一阵骚动，索要签名更是一片混乱。酒吧老板小翟非常紧张，北岛被安排在中央位置。他的周围是各个时代的文学青年，他们手里拿着照相机手机，尽可能拍到他们要拍的那个人，哪怕只是个背影。

……北岛在小翟的陪伴下，从人群里往外挤，北岛不断被强行合影。

肖全说，当晚，不少人觉得像回到了 1980 年代。

诗人北岛出现在白夜 供图／白夜

2014 年，叶叔

2014 年，文化记者谢礼恒在白夜采访翟永明。采访间歇，在白夜角落默默喝茶的一个人走过来，给翟永明递上一枚便签：

今天我第一次到白夜，有幸目睹您的风采。请允许我向您致意。

——叶叔 2014. 秋。

谢礼恒把这个场景写进了他的文集《何时再见梦中人》。

多少年来，翟永明在白夜，不知道收到过多少张这样的便条。吉木狼格说，见过小翟的人都说她漂亮，非常漂亮，尤其是男人。说她漂亮的同时，总要加上些仰慕、暗恋之类的戏语。这些话小翟听得太多了，多得都不想听了，当又一次重复时，她笑着回击："光说不练有什么用？"

吉木狼格说，朋友们知道，晚上没有其他事，她都会到酒吧来。大家喝酒聊天，虽没有打电话，但都在等她，等到该来的时候，她就像一阵风似的飘进门来。

"小翟"和"翟姐"，这是朋友们对翟永明的称呼。当然，也有直接喊"翟永明"的（用普通话），在白夜酒吧，慕名而来的人都这么喊。

2013 年，有个叫"曾经楼兰"的人到了白夜。去之前他将翟永明的《新作三首》摘录下来，装进行李箱，带到了成都。服务生告诉他翟永明近期不在成都，他就在院落里要了一杯黑啤，静静地待了一个多小时。后来，感觉冷了，酒剩半杯，也就走了。

他回去在博客上写：

白夜的白天，是一个空泛寂寞的院落。而夜晚，白夜就是一个情调浓郁的场所。作为一个游客，我只能用镜头，远远的，隔着玻璃和成都暧昧的空气，拍下几张属于我的白夜。

第二天，翟永明来了。她在这篇博客下面回复：抱歉不在，但你的照片拍得很有味道！

供图 / 白夜

2009 年，韩东　2017 年，张丰

2017 年，杂志编辑张丰终于有机会跟偶像翟永明见面吃饭，在新会展的顺兴老茶馆。那之前他当然也去过白夜，参加一场文化活动。那次，翟永明是中途才从外面赶回来的，她向台上诸位致意后坐在旁边，没有说话。

张丰很激动，但是表面上没什么反应，也没去打招呼，也没去要电话。两年后，因为做杂志，认识了翟姐，加了微信。他带了两本书去顺兴，请翟姐签名。一本是《随黄公望游富春山》，另一本是早年的诗集。

那天他们在二楼吃饭。翟姐走在前面，走得很快，很有气势。席间谈话，说起翟姐的老家是河南的。河南人张丰很吃惊，问她："河南怎么能有这么美的人？"

翟永明没有太在意，轻描淡写说了句什么，意思大概是，不好看。

张丰对翟永明的美，用了一个词，崇敬。他后来跟我聊天，谈到翟姐的美。我问这种美是否对一切男青年都具有性魅力。张丰说当然有啊，不过因为他是读现当代文学的，专业上的崇敬占主导地位。

他觉得翟永明这样美的女人穿透了时间。偶尔想到她简历上的年龄，真是伤感而且气愤。

诗人韩东替我们解释了这种独特的美：

她是否被宠坏了？如果换一个女人，那是一定的。可我从未见翟姐有过一丝一毫的得意之色，故作低调的谦逊更是没有。她还是那样子，一成不变。处于虚荣的风口浪尖而毫无虚荣，这就是翟姐。

这里，已经快接近翟姐魅力的核心了。在我看来，就是消极、被动。而消极、被动正如韦伊所言，是善的特征。翟姐本质的朴素、待人的亲切，以及幽深的忧伤皆出于此吧？

2009 年，他把这些话写下来，题目叫"永远的翟永明"。 🔢

部分文字、资料来源：

《白夜往事：马松》（翟永明）

《白夜　玉林西路的左岸生活》（华西都市报 2014 年 1 月 4 日）

《翟永明：白夜这些年》（谢礼恒，《何时再见梦中人》）

《翟永明与她的白夜酒吧》（何小竹）

《翟永明和她的白夜酒吧》（吉木狼格）

《永远的翟永明》（韩东）

《致翟永明，或新白夜酒吧开张志庆》（凹凸博客）

《我们这一代　我的朋友北岛》（肖全）

● 热，只想一个"淴头儿"栽进那二年辰的猛追湾下饺子！

RE，ZHIXIANG YIGE MITOUER ZAIJIN
NAERNIANSHEN（方言读音）DE MENGZHUIWANG XIA JIAOZI！

/ 贾茹

"淴头儿"，音"觅"，还可写作"没头儿"。名词，意为：猛子。

【例】他一个淴头儿就打到河中间去了，三个淴头儿就过河了。

又叫"水没子""没子"。

"这个天热得简直不像话！"穿过幼儿园门口接娃儿的人群，太婆一只手牵起孙儿，一只手拿起蒲扇边骂边扇。刚入伏的成都，36℃，热！热！热！热！热！好多人到处在找刘德华，说天气太热了，要用一下他的《冰雨》。满头大汗的小朋友才不管，脚步轻盈，一脸期待——马上要下水了。但是他应该不晓得，啥子叫一个淴头儿栽进水里——现在的游泳池不准栽淴头儿了。

莫得哪个成都娃儿是不喜欢耍水的，这么热的天，就想和池里的那一汪蓝绿色的水厮混在一起。

记忆中的室外游泳池　摄影／康筱韵

不过，现在的娃娃所了解到的水世界，是低矮的室内，恒温，标准池，一股子消毒水味道，池子里一排一排浮标，先把人和人隔开，下水之前必须全副武装，泳镜、泳帽、浮板，不准跳水、嬉戏，想要嘘嘘，请上岸走到卫生间……

如今，游泳是一项运动，而非游戏。严格、高级，程式化、技术化、私人化，是为了健康和美，而不是好耍。娃娃些怕是不晓得，在婆婆爷爷的那个年代，成都还莫得几个正规游泳池可言，要耍水？大多数的娃娃都是脱了衣服裤儿就去河边！成都人的"野水时代"由此而来。

那二年辰，府南河还是清澈见底。炎炎夏日，年轻人都会跳进河里面去游泳，没有泳裤就穿"摇裤"，没有泳衣，就打光董董。胆子大的娃娃，还要从桥上跳下去，瘦子丢"冰棍儿"，胖子甩"炸弹"，在小伙伴的心目中，这种难度系数，堪比如今跳水比赛中的"向后翻腾两周半"。

后来，府南河开始整治，市内的娃儿都去游东风渠，郫县的娃儿喜欢下徐堰河，新都的娃儿都是被哥哥姐姐领去洪水碾。

小学就戴眼镜的昆哥游泳之余还喜欢在河边抓鱼，他说他最看不惯的就是小伙伴在河里面屙尿。"东风渠每年都要淹死好多不怕死的人哦！"直到现在，东风渠挥之不去的，也是"魔鬼水域"这个头衔。

实在要说游泳池，南虹游泳池也算一个。1949 年，临近解放的成都兵荒马乱，那个时候，成都的公共体育设施就只有两个，一个是人民公园那边的田径场，另外一个就是锦江边的南虹游泳池。

据说当年南虹游泳池开池之后，就在成都引起了不小的轰动。那个时候的人闭塞到连穿泳衣的女子都不曾见，这个游泳池一度被看稀奇的人里里外外围了三圈。

1956 年，猛追湾游泳场开始修建，就在当时一号桥和二号桥之间的河滩和农田上修，比赛池和跳水池，五脏俱全。夏天说起下水，那肯定就是：走，去猛追湾！

很多人都还记得小时候去猛追湾游泳，那个石头"梭梭板"，把大家的游泳裤都磨起球球了。

后来朋友在成都外的区县学游泳，教练向她兜售会员卡的时候，都会自豪地推广自己："我可是老资格的教练，当年我们这批人都是在成都猛追湾考的证！"就像一个的哥在回忆自己当年开富康的岁月。

记忆中的室外游泳池　摄影／康筱韵

1988 年出生的瑞瑞说，她最早对于游泳池的记忆是在人民公园，"夏天是游泳池，冬天把池子里面的水放完，就是旱冰场"。之后，乐园式的游泳池开始入驻成都，有人流连于游乐园的造浪池，有人则喜欢在月亮湾的环形游泳池里面绕圈圈。进大门买票之前，先把烧烤摊摊的点位记熟，游完出来，要挨到挨到吃个遍。

那个时候，家住华西医大附近的居民基本上举家上下人手一张华西医大游泳池的月票，200 块钱可以游完一整个夏天。露天的泳池，清亮。人和人之间没有浮标，拖鞋乱甩一地，你挨我，我挨你，下饺子都那么快乐。

刚学会游泳不久的胖浩是这里的常客，那年，他一个猛头儿栽进深水池炫技，却不幸与池中的一坨屎相遇，至今历历在目，记忆犹新。

家庭条件优越的同学一般不会把这种大众游泳池作为他们下水的日常，要么去奥林匹克中心 PK 竞技，要么就去省游泳馆正儿八经报个班。已经读高二的"门牙"，被爸爸逼进省游泳馆的暑期游泳班，因为泳技拙劣，需要从蛙泳入门，那个时候，除了她，全班都是幼儿园的小娃娃。

啊！省游泳馆、川大游泳池、猛追湾……
啊！更早的南虹、府南河、东风渠……

无数的成都娃儿都在你们怀里撒过野、撒过尿，洒下过无数的属于夏天的欢笑。现在，成都的游泳池都深藏在健身会所、高档小区、各商业体，以及五星级酒店里，优美、私密、重金是关键词。你多冒两个水花，旁边的人都要正儿八经地皱起眉头嫌弃。

游完以后，脱帽、换衣、沐浴，就算饿得可以吃下一头大象，也再没有摊摊儿上的炸土豆和糖油果子可供充饥。

说不定，五星级酒店里请私教的中年人，年轻的时候也是光起屁股耍过野水的主儿，只是时移世易，即便我们敢看，他们也不敢对到府南河甩"炸弹"了。

天府可乐商标

● 天府可乐!
TIANFU KELE !

/ 彭何

对于 20 世纪七八十年代出生的成都人来说,有生以来喝的第一瓶可乐可能就是 1982 年诞生的"天府可乐"。那种童年的味道在脑海中挥之不去。

天府可乐在当时有好牛? 它不仅做了重庆第一块霓虹灯广告牌,还开了饮品在央视打广告的先河。

"一罐午餐肉两分钟被我们抢完,还有一听天府可乐那么甜……"这是歌手吉杰首张个人专辑中一首回忆童年的歌。在更多人的心中,与洋可乐相比,天府可乐更多是稍微有点怪的中药味吧。

有中药味就对了，天府可乐是由当时的重庆饮料厂（天府集团前身）和四川省中药研究所共同研制的，感觉和某凉茶很像。原料都是由天然中药成分构成，比如白芍。据说以前有人患了小感冒喝这可乐都能好。

当有人告诉我这款"中国人自己的可乐"是国宴饮料的时候，我很诧异。以前只晓得某椰子汁、某白酒是国宴饮料。可乐居然还可以是国宴饮料，以后请客咱也就不喝什么果汁豆奶了，"直接给我们这桌来两个大瓶的天府可乐！"

除了畅销国内，1990 年，天府可乐在苏联首都莫斯科建立了第一个灌装厂。同时，日本风间株式会社主动代理，在美国世贸大厦设立公司，专销天府可乐。中国本土的可乐还打入了最早生产可乐的国家，想想也很有趣。

说来还是比较霉的，自从天府可乐和百事可乐扯上关系，开始合资经营，百事公司不断缩减天府可乐品牌产品的生产，市面上就鲜见天府可乐的踪迹了。就在前些年，天府可乐开始了和百事可乐的诉讼，中间的关系太复杂，一度成了财经新闻的热门。后来诉讼成功，经过一番周折和准备，据说天府可乐就要回归重新上市了。

天府可乐不只是一瓶可乐那么简单。在 20 世纪 80 年代，物资匮乏，条件有限，能够喝上一瓶天府可乐是多么洋盘的事情，那是好多"70 后""80 后"童年难以磨灭的愉悦记忆。

好多人现在都还收藏有天府可乐的玻璃瓶和盖子。当时重庆还有印有天府可乐广告的双层汽车。

在老员工的记忆中，当年辉煌时，从厂门口排起两三公里的货车等着拉天府可乐，经常排到现在的石坪桥立交桥下。好多私家车当年最不愿意经过这里，因为堵车堵得人发慌，尽是大货车，都是冲着天府可乐来的。

天府可乐的价格在当年来说并不便宜，最先两毛多钱一瓶，后来涨到了 8 毛左右。想要去厂子里批发一批天府可乐不是那么容易的，货紧俏，好些时候都需要找关系才弄得到。

当时，许多家长经常会把天府可乐作为一种奖励，在孩子考试成绩好、听话的时候奖励给他们。有的人家，父亲会在孩子放暑假的时候买一件天府可乐放到屋头，玻璃瓶子，木框钉的箱子。每天只准喝一瓶，而且规定要做完当天的作业才可以喝，多少小孩就是为了那瓶可乐才飞快完成暑期作业的。

一位朋友摆起天府可乐之兴奋，他说一次放暑假他从弹子石回到果园，妈妈带他和姐姐到商店去买了瓶天府可乐解渴。当售货员把天府可乐瓶一打开，一股气泡就从瓶里冒出，"快点，快点来喝！"售货员喊着。"我高兴地用嘴去堵着瓶口，当时的那个兴奋劲儿和天府可乐的那个味道，现在都抹不去。"

条件差一点的家庭，小孩会在农忙的时候要求父母给自己买一瓶，一年也就那么一次机会。嘴馋的，就算向隔壁小卖部的老奶奶赊账也要喝可乐，被爹妈知道了，逃不了一顿打。

三五个小孩一起凑钱买一瓶可乐共同享用也是常事，大家在小凳子上边摆龙门阵边喝一点可乐，一直把一瓶喝完了才走，兄弟情义也在这之间加深。

调皮一点的小孩会偷偷拿家里的钱去买上一瓶，到小卖部还不能随便拿一瓶，要仔细挑。有些可乐要少些，有些到瓶子盖子那里了。一定要挑那种可乐到盖子那里的，就是为了可以多喝一口。

要是小孩生病害怕上医院，家长会用一瓶天府可乐来哄小孩去。过生日时，某个亲戚给自己带来一瓶天府可乐，那滋味也是终生难忘。有的单位福利好，夏季随时会发一些清凉饮料，天府可乐、青鸟汽水之类的。最幸福可能还是要算可乐厂的人了，能喝到不少免费可乐。🔲

图书在版编目（CIP）数据

那二年辰 / 谈资主编 . -- 成都 : 成都时代出版社，

2020.5

（@ 成都）

ISBN 978-7-5464-2560-3

Ⅰ . ①那… Ⅱ . ①谈… Ⅲ . ①地方文化 - 成都 Ⅳ .

① G127.711

中国版本图书馆 CIP 数据核字（2020）第 041569 号

那二年辰
NAERNIANCHEN

谈资　主编

出 品 人　李若锋

责任编辑　蒋雪梅

责任校对　张　巧

责任印制　张　露

封面设计　郭　映

装帧设计　成都九天众和

出版发行　成都时代出版社

电　　话　（028）86742352（编辑部）

　　　　　（028）86615250（发行部）

网　　址　www.chengdusd.com

印　　刷　成都市金雅迪彩色印刷有限公司

规　　格　170mm×220mm

印　　张　11.25

字　　数　250 千

版　　次　2020 年 5 月第 1 版

印　　次　2020 年 5 月第 1 次

书　　号　ISBN 978-7-5464-2560-3

定　　价　58.00 元